hanserblau

Thomas Eglinski mit Erika Thimel

AM BALL BLEIBEN

Wie unsere Kinder glücklich und fit fürs Leben werden

hanserblau

1. Auflage 2019

ISBN 978-3-446-26196-9

Umschlag: FAVORITBUERO, München
Motive: Foto © Verena Kathrein, Illustration © Sylvia Neuner
Satz: Greiner & Reichel, Köln
Druck und Bindung: Friedrich Pustet, Regensburg
Printed in Germany

FSC
www.fsc.org
MIX
Papier aus verantwortungsvollen Quellen
FSC® C014889

SPIELPLAN

1. Halbzeit

Die Grundlagen von gutem Coaching

2. Halbzeit

Das Mentalitäts-Trainingsprogramm
»11 Freunde fürs Leben«

1. HALBZEIT

ANSTOSS

Erziehung ist Coaching

»Wir coachen Sie, damit Sie Ihre Kinder coachen können.«

Liebe Mütter, liebe Väter,
am Eingang des Deutschen Fußball Internats (DFI) steht ein Versprechen geschrieben: »Hier wachsen Persönlichkeiten«. Dieses Versprechen löse ich als Gründer und Leiter unseres Bildungscampus täglich mit meinen Mitarbeitern ein. Was Kinder und Jugendliche brauchen, um sich zu entfalten, habe ich in den vergangenen drei Jahrzehnten als Vater von drei Jungen und von den weltweit besten Trainern gelernt, in der Theorie und auf dem Fußballplatz. Ich bin überzeugt: Erziehung ist Coaching. Im besten Sinne. Kinderpsychologen und Erziehungswissenschaftler bestätigen meine positiven Erfahrungen. Junge Menschen entwickeln sich zu eigenverantwortlichen, teamfähigen und glücklichen Persönlichkeiten, wenn ihre Eltern und ihre Lehrer beherzigen, was für gute Fußballtrainer selbstverständlich ist:

Das Spiel wird im Kopf gewonnen. Erst recht das Spiel des Lebens.

Ob auf dem Sportplatz, in der Schule oder in der Familie: Unsere Art zu denken bestimmt darüber, wie unser Leben verläuft. Diese entscheidende Kraft nennen wir im Fußball »Mentalität«. Der Begriff beschreibt unsere Geisteshaltung. Mentalität zählt mehr als Talent, Kondition oder die neueste Funktionskleidung. Sie zählt mehr als Herkunft, Intelligenzquotient oder Attraktivität. Die Mentalität prägt unsere Persönlichkeit, unsere Lebenseinstellung, unsere Gegenwart und unsere Zukunft.

Was genau verstehe ich unter »Mentalität«? Unseren Schülern

und Eltern erkläre ich diesen Begriff wie folgt: Die Mentalität ist ein Dream-Team, das sich aus 11 wichtigen Eigenschaften und Fähigkeiten zusammensetzt. Im Deutschen Fußball Internat nennen wir sie die »11 Freunde«. Sie heißen *Selbstvertrauen, Ziele, Tatkraft, Disziplin, Teamgeist, Dankbarkeit, Bildung, Verantwortung, Respekt, Kreabilität* – diese großartige Mischung aus Kreativität und Flexibilität – und *Spielfreude.*

Wer mit diesen 11 Freunden unterwegs ist, hat im Leben immer die richtigen Begleiter an seiner Seite. Mit ihrer Hilfe lassen sich Herausforderungen meistern und Träume verwirklichen. Und ist es nicht genau das, was wir Eltern unseren Kindern von Herzen wünschen? Mit den 11 Freunden bereiten wir die Zukunft unserer Kinder vor und konzentrieren uns gleichzeitig auf den heutigen Familienalltag.

Eltern stehen täglich vor Herausforderungen, die im Kern Mentalitätsfragen sind.

Von der Ordnung im Kinderzimmer über den Medienkonsum bis hin zu den Schulnoten, dem Gemeinschaftssinn und der Berufswahl – die typischen Konfliktsituationen im täglichen Leben lassen sich mit der richtigen Mentalität lösen. Langfristig und nachhaltig machen wir nicht allein mit Regeln und Grenzen den größten Unterschied für unsere Kinder, sondern mit Einsicht, Haltung und Führung. Alles geht vom Kopf aus, die geballten Kräfte und Möglichkeiten eines jeden Menschen. Denn dort entstehen nicht nur unsere Gedanken, sondern auch Gefühle, Ängste und Sorgen. Von Letzteren tragen wir Mütter und Väter oft eine ganze Menge auf unseren Schultern.

Das liegt zum einen an unserem ausgeprägten Beschützerinstinkt und zum anderen an der aktuellen Lage im Bildungswesen, in der Gesellschaft und in der Politik. Hinzu kommen das rasende Tempo der technischen und digitalen Entwicklung sowie unsichere Aussichten auf dem Arbeitsmarkt. Sorgen um die Zukunft der eigenen Kinder liegen für viele Eltern nah.

Mütter und Väter fragen mich oft, wie sie ihre Kinder auf die Zukunft in dieser Welt vorbereiten können. Mit diesem Buch, meinen drei Jahrzehnten Erfahrung bei der Ausbildung von Kindern und Jugendlichen und mit meinem profunden Know-how als Mentalcoach will ich eine Antwort aus der Praxis geben. Gemeinsam mit der Journalistin Erika Thimel, selbst Mutter zweier wilder Kerle, werde ich die Frage beantworten, was Eltern von guten Fußballtrainern lernen können.

Wir coachen Sie mit diesem Buch, damit Sie Ihre Kinder coachen können. Erwarten Sie dabei viel von uns, denn wir wollen Kinder fit fürs Leben machen. Für uns ist es die größte, spannendste, wichtigste und ganz nebenbei auch die schönste Aufgabe der Welt.

Wenn Sie das ähnlich sehen, dann spielen wir im selben Team. Wir zeigen Ihnen, wie erfolgreiche Trainer coachen und ihre Schützlinge zum Erfolg führen und was wir Mütter und Väter aus dem Fußball lernen und bei der Erziehung unserer Kinder nutzen können. Dabei unterstützen und begleiten wir Sie mit dem Trainingsplan »11 Freunde«, der für die Kinder und Jugendlichen des Deutschen Fußball Internats entwickelt wurde. Wir vermitteln Ihnen alle wichtigen Coaching-Punkte und die entsprechenden Trainingsmethoden dazu. Dabei packen wir die Kernthemen an, die im Sport wie im Leben entscheidend sind. Wir stimmen Trainern wie Wolfgang Frank zu, dem Lehrmeister Jürgen Klopps.

»Zwischen der Rolle des Trainers und des Vaters gibt es keinen Unterschied. Beides läuft auf dasselbe hinaus: die Pflicht zur Erziehung.«

Wir nehmen diese Pflicht sehr ernst. Unser Ziel für Eltern ist entsprechend klar definiert und anspruchsvoll: Gemeinsam gewinnen wir die Meisterschaft bei der Erziehung unserer Kinder! Dieser Erfolg ist so planbar wie die Tatsache, dass es in der Bundesliga Aufsteiger und Absteiger gibt. Gewiss, es wird nicht immer einfach sein und nicht jeder Schuss wird ins Tor gehen, aber es lohnt sich, am Ball zu bleiben.

Am Ende der Spielzeit werden wir uns über glückliche, erfolgreiche Töchter und Söhne freuen. Über Kinder, die dem Leben gewachsen sind, weil sie dank unserer Unterstützung jene Eigenschaften entwickeln durften, die sie zu einer vielversprechenden Zukunft befähigen. Einer Zukunft, die den Interessen und Fähigkeiten unserer Kinder gerecht wird.

Die Trainingseinheiten sind darauf ausgerichtet, uns mit unseren Kindern wachsen zu lassen. Wie Fußballtrainer, die mit jedem Erfolg ihrer Spieler an Erfahrung, Kompetenz und Souveränität gewinnen, entwickeln auch wir uns gemeinsam mit unseren Kindern weiter.

Auch wir Eltern profitieren von diesem Buch.

Sind Sie dazu bereit? Dann lassen Sie uns jetzt gemeinsam loslegen. Wir glauben an die Zukunft, weil wir an unsere Kinder glauben!

Ihr Thomas Eglinski mit Erika Thimel

DIE TRAININGSPHILOSOPHIE

11 Freunde für das Spiel des Lebens

»Wenn wir die Mentalität unserer Kinder trainieren, machen wir sie fit fürs Leben.«

Er holte als Spieler alle wichtigen Titel im europäischen Fußball und verantwortete als DFB-Sportdirektor die deutschen Nachwuchsmannschaften und deren Ausbildung: Matthias Sammer. Seine Erfolgsformel umfasst exakt zwei Worte: »Mentalität entscheidet!« Damit bringt Sammer den Kern der Trainingsphilosophie des modernen internationalen Fußballs auf den Punkt. Erfolgreiche, wegweisende Trainer im In- und Ausland drücken es ähnlich aus, von Pep Guardiola über Jürgen Klopp bis hin zu Joachim Löw.

Mentalität – die geistige Haltung, die innere Einstellung – bestimmt maßgeblich, ob Spieler ihre Chancen wahrnehmen und wie ihre Spiele und ihr Leben verlaufen.

Zugegeben, dies ist keine neue Erkenntnis, sondern vielmehr eine alte Weisheit. Philosophen, Wissenschaftler und Sportler bestätigen die Mentalität als zentralen Glücks- und Erfolgsfaktor. Nur in der Erziehungsliteratur taucht der Begriff bislang erstaunlicherweise nicht auf, obwohl er Werte umfasst, die Pädagogen gerne als Erziehungsziele nennen, vom *Selbstvertrauen* über die *Disziplin* bis hin zur *Teamfähigkeit*. Der Begriff »Mentalität« zählt bislang nur auf den Fußballplätzen zur Alltagssprache. Das wollen wir mit diesem Buch ändern. Wir wünschen jedem Mädchen und jedem Jungen die Chance, die eigene Mentalität zu entwickeln und zu stärken. Kinder mit einer starken Mentalität fallen unter anderem durch ihr *Selbstvertrauen*, ihre *Tatkraft* und ihren *Teamgeist* auf. Die richtige Mentalität ermöglicht es, kleine und große Träume zu verwirklichen. Sie lässt die Persönlichkeit wachsen.

Das klingt vielversprechend, aber nicht sehr konkret? Lassen Sie uns genauer werden.

Am Deutschen Fußball Internat und in den fortschrittlichsten Ausbildungszentren Europas definieren wir Mentalität als Dream-Team, dessen 11 Positionen jeweils für eine wichtige Fähigkeit stehen: *Selbstvertrauen, Ziele, Tatkraft, Disziplin, Teamgeist, Dankbarkeit, Bildung, Verantwortung, Respekt, Kreabilität* – ein Zusammenspiel von Kreativität und Flexibilität – und *Spielfreude.*

Es sind diese Mentalitätsfaktoren, die Menschen zu Lebensglück und Erfolg führen. Um sie fußballbegeisterten Kindern nahezubringen, nennen wir sie die »11 Freunde«. Das passt wie der Ball ins Tor, weil diese Elf tatsächlich die besten Freunde und Begleiter junger Menschen verkörpert. Wer jede einzelne Position gezielt mit Kindern trainiert, macht sie fit fürs Leben, vom Schuleintritt bis in den Beruf und die Familie.

Wir können unsere Töchter und Söhne auf die Herausforderungen des Lebens vorbereiten, indem wir ihr *Selbstvertrauen* aufbauen, ihre *Ziele* ernst nehmen, ihre *Tatkraft* fördern, ihre *Disziplin* stärken, ihren *Teamgeist* inspirieren, ihre Perspektive durch *Dankbarkeit* erweitern, ihnen die Bedeutung von *Bildung* vermitteln, ihnen *Verantwortung* verleihen, *Respekt* in ihnen verankern, ihre *Kreabilität* begünstigen und ihre *Spielfreude* feiern, kurz, indem wir die 11 Freunde und damit die Mentalität unserer Kinder trainieren.

Aufgaben und Anforderungen wachsen mit unseren Kindern mit.

Überfordern wir unsere Kinder damit? Ein klares NEIN! Es sind äußerliche Komponenten, die Kinder überfordern, unflexible Schulsysteme beispielsweise, zu wenig Spielzeit, überambitionierte Eltern und extremer Medienkonsum. In ihrer Persönlichkeitsentwicklung hingegen sind viele Kinder eher unter- als überfordert. Erziehung wird heute weitgehend von außen gedacht und ist auf Anpassung ausgerichtet. Nicht die Bedürfnisse und Potenziale unserer Kinder stehen im

Mittelpunkt, sondern die Erfordernisse von Wirtschaft und Gesellschaft.

Wer die Mentalität seiner Kinder stärkt, sorgt für die besten Startbedingungen.

Zu vermitteln, welche Kraft in unseren Gedanken steckt, wie unsere Einstellung unser Leben lenkt und wie sich Ziele nach Plan verwirklichen lassen, gehört zu den wertvollsten Geschenken, die Trainer und Eltern ihren Kindern mit auf den Weg geben können. Der Trainingsplan kommt aus dem Fußball, aber seine gebündelte Kraft hilft auf allen Spielfeldern des Lebens. Er vermittelt kein Fußballwissen, sondern die entscheidenden Faktoren für ein glückliches, erfolgreiches und selbstbestimmtes Leben. Es spielt deshalb keine Rolle, ob jemand von einem Leben als Profifußballerin, Künstler, Unternehmerin, Hausmann oder Handwerkerin träumt. Die Mentalität ist der entscheidende Faktor für Erfolg im Sport, Beruf oder in der Familie.

Ich selbst habe drei Söhne, von denen die beiden älteren keine Fußballkarriere im Sinn haben. Trotzdem profitieren sie vom 11-Freunde-Coaching, denn Menschen mit einer starken Mentalität sind immer im Vorteil. Auch im Fall von Rückschlägen und Niederlagen. Wenn die Mentalität stimmt, gelingt es leichter, flexibel zu reagieren und neue Träume und neue Ziele zu entwickeln. Werden diese Eigenschaften in jungen Jahren trainiert und stetig weiterentwickelt, ist der Glaube an den Erfolg nicht nur gerechtfertigt, er wird zur selbsterfüllenden Prophezeiung, zur Normalität.

Nun wissen Sie, warum die Mentalität unsere Trainingsphilosophie prägt. Wir stimmen Matthias Sammer, Pep Guardiola, Jürgen Klopp, Joachim Löw zu:

Mentalität entscheidet, und sie lässt sich trainieren!

Unser Spielplan: In der ersten Hälfte dieses Buches kümmern wir uns um die Basics des Coachings wie Ihren Trainerschein, Ihren Coaching-Stil, Konfliktmanagement und all die anderen bedeutenden Punkte, die Ihre Aufgabe als Headcoach prägen und für das spätere Training der 11 Freunde wichtig sind.

In der zweiten Hälfte widmen wir uns dem Trainingsprogramm »11 Freunde« und seiner konkreten Umsetzung.

Am Ende unserer gemeinsamen Trainingszeit werden alle gewonnen haben, unsere Kinder und wir Eltern.

DER TRAINERSCHEIN

Willkommen im Trainerteam!

»Ihre ganze Familie wird gewinnen.«

Für die Elternschaft gibt es kein Testspiel. Sobald wir unser Baby zum ersten Mal in den Armen halten, geht es um alles. Diese Verantwortung katapultiert Mütter und Väter noch im Kreissaal in eine neue Liga: von den Amateuren, die über Kinder reden, zu den Profis, die Kinder haben. Entsprechend hoch sind die Erwartungen, die eigenen und die von außen. Eltern werden augenblicklich in der Rolle des Cheftrainers gesehen und in die Verantwortung genommen.

Wie Trainer müssen auch Eltern sich von Anfang an beweisen. Ihre Ziele gleichen sich – und auch der Druck, unter dem sie stehen.

»Wissen Sie, wann ich in meiner Laufbahn wirklich Druck verspürt habe? Als ich noch Jugendtrainer beim PSV Eindhoven war«, sagte Bundesligatrainer Huub Stevens einmal. Im Jugendbereich ist das Ergebnis eines Spiels zwar nicht so wichtig wie bei den Profis, aber die soziale Aufgabe belastete seine Nerven. Er, der Schalke 04 im Jahr 1997 zum legendären Europapokalsieg geführt hatte, ging gewöhnlich gelassen mit Druck um, aber die Verantwortung wiegt nirgends so schwer wie im Jugendbereich. Trainer wie Huub Stevens verstehen viel vom Job der Eltern. Die meisten Mütter und Väter bemühen sich, in der Kindererziehung aus dem Stegreif auf Bundesliga-Niveau zu kommen. Auf sich selbst gestellt und unter enormem Druck, sind viele schon in den ersten Lebensjahren ihrer Kinder am Rande der Erschöpfung. Versehentliche Fouls am Partner und Eigentore passieren in diesem Zustand wie von selbst. Regelmäßig ziehen sich Mütter und Väter frustriert und schuldbewusst in die Kabine zurück und fragen sich, wie sie das Spiel wieder in den Griff bekommen. Kommt Ihnen das bekannt vor?

Bei uns Eltern wird in Erziehungsfragen eine Naturbegabung vorausgesetzt, zumindest ein untrügliches Bauchgefühl. Immerhin haben es Generationen vor uns auch geschafft. Diese fragwürdige Einstellung steht im markanten Gegensatz zur Ausbildung, die uns in anderen Bereichen abverlangt wird. Auf vergleichsweise geringe Herausforderungen, wie Autofahren und Angeln, müssen wir uns gründlich vorbereiten und eine Prüfung absolvieren. Jeder Bäcker, jeder Koch, jede Bademeisterin muss Kompetenz nachweisen. Nur Mütter und Väter sollen ihren Job ohne das geringste Fach- und Vorwissen meistern. Dabei ist gerade ihrer der wichtigste Job der Welt!

»Wozu brauchen wir Wissen? Wir haben doch unsere Urinstinkte und unseren gesunden Menschenverstand«, mag der eine oder andere einwerfen. Stimmt. Unsere Urinstinkte funktionieren einwandfrei: Wir versorgen unsere Kinder mit Nahrung, Kleidung und Schutz, wie es bereits unsere Vorfahren gemacht haben. Darüber hinaus erfüllen wir die wichtigste Voraussetzung für die Elternschaft mit unserer bedingungslosen Liebe zu unserem Kind. Sobald Müttern und Vätern allerdings bewusst wird, wie prägend die Kindheit für die Persönlichkeit und die Zukunft ihres Kindes ist, möchten die meisten ihre erzieherischen Fähigkeiten und ihr Know-how verbessern. In diesem Moment kommen die Fragen – und oft auch die Angriffe von außen.

Eltern werden wie exzellent ausgebildete Profis kritisiert und beurteilt. Sie sind allerorts zum verbalen Abschuss freigegeben. Zwischen Helikopter-Mama und Vernachlässigung scheint es in der öffentlichen Wahrnehmung keinen grünen Bereich zu geben, nur Häme und Härte. Zur Erziehung hat – wie zum Fußball – schließlich fast jeder eine Meinung.

Trotz Buhrufen von den Zuschauerrängen und ihrer eigenen Verunsicherung geben Toptrainer und Eltern das Spiel nicht verloren. Sie bleiben am Ball. Die Motivation von Eltern kommt dabei aus ihrer unermesslichen Liebe zum eigenen Kind. Damit ist das Spiel bereits halb gewonnen. Denn Liebe reicht weit: Sie sichert die körperliche und seelische Grundversorgung unserer Kinder. Nur die Ansprüche, die Mütter und Väter an sich selbst stellen, kann sie nicht erfüllen. Wir Eltern wollen nämlich mehr geben als Liebe, Nahrung und Kleidung.

Wir wollen unsere Kinder fit fürs Leben machen, weil wir wissen, dass sie nicht immer auf gepflegten und beheizten Spielfeldern laufen werden, von deren Seitenlinien wir Unterstützung geben können. Damit unsere Töchter und Söhne später in der Lage sind, in verschiedenen Bereichen und unter wechselnden Umständen erfolgreich zu spielen, müssen wir sie heute coachen. Nur wie? Was tun? Was lassen? Worauf kommt es wirklich an?

Echte Antworten auf diese Fragen haben wir nicht in der Erziehungswissenschaft, sondern in der Praxis gefunden. Auf den Fußballplätzen. Bei guten und verantwortungsbewussten Jugendtrainern und im Deutschen Fußball Internat. Hier konzentriert sich die Erziehung nicht in erster Linie auf Taktik, Technik und Karrierepläne, sondern auf die 11 Freunde, das *Team Mentalität.*

Als Vater, Internatsleiter und Trainer garantiere ich Ihnen aus jahrelanger Erfahrung: Dieses Dream-Team hält, was es verspricht. Ihre Kinder werden in allen Bereichen dazugewinnen. Gerne wiederhole ich an dieser Stelle: Ihre ganze Familie wird gewinnen.

Wie kann ich mir so sicher sein? Nun, im Gegensatz zu Pädagogen lassen sich Fußballtrainer öffentlich an den Ergebnissen ihrer Arbeit messen. Deshalb schicken selbst unterklassige Amateurvereine ihre Trainer inzwischen bewusst zu Fortbildungen. In höheren Spielklassen ist Fachwissen ohnehin Pflicht. Wer Kinder trainieren will, muss seine Befähigung mit einer Lizenz nachweisen. Reicht zum Einstieg noch einfaches Fußballwissen für eine C- oder B-Lizenz, wird in den oberen Spielklassen mehr gefordert: Mit dem Niveau steigen die pädagogischen Ansprüche, und die Persönlichkeitsentwicklung der Kinder und Jugendlichen rückt zunehmend ins Zentrum.

Engagierte Fußballfreunde, die ihre Begeisterung und ihr Können an Kinder weitergeben wollen, müssen sich mit Geld, Zeit und Leidenschaft darauf vorbereiten, denn die Lehrgänge zur A-Lizenz und zum Fußballlehrer beim Deutschen Fußball-Bund zählen weltweit zu den anspruchsvollsten und besten. Mit den Leitmotiven der Persönlichkeitsbildung und individuellen Förderung vermitteln hervorragende Ausbilder, was sich auf dem Fußballplatz und im Leben zeigt: Mentalität kommt vor Qualität. Das bedeutet, die Mentalität eines Spielers bestimmt seine Zukunft weit mehr als sein Talent, seine Technik und sein Passspiel. Die Mentalität ist die Keimzelle der Persönlichkeit und die Basis langfristiger Erfolge. Die Mentalität macht's möglich.

Wenn die Mentalität stimmt, fügt sich der Rest automatisch, auf dem Fußballplatz und in der Familie: *Teamgeist* führt zu Zuverlässigkeit, *Disziplin* zu ordentlichen Kinderzimmern, *Selbstvertrauen* zu Leistungsbereitschaft und *Ziele* zu besseren Noten. Wer das Lebensglück und die Selbstverwirklichung eines Kindes vor Augen hat, konzentriert sich auf das Entscheidende. Ein guter Coach ist immer auch ein guter Erzieher, und umgekehrt. Seien Sie beides und nutzen Sie Ihre hervorragende Startposition. Ihre Kinder lieben Sie und vertrauen Ihnen! Eltern sind die einflussreichsten Trainer.

Das wichtigste Team ist immer die Familie.

In diesem Sinne: Willkommen bei den Lernenden! Willkommen im Trainerteam!

Emotionalität und Herzensbildung

»Familie ist Teamsport.«

Emotionale Teamsportarten wie Fußball und Familie stellen extrem hohe Anforderungen an die Trainer. Gefühle spielen hier eine entscheidende Rolle. Sie lenken das Geschehen, drehen das Spiel oder kosten uns die Meisterschaft. Wer als Coach erfolgreich sein will, muss mit der Macht der Gefühle umgehen können. Ausgeglichene und souveräne Trainer haben sie unter Kontrolle, die anderen lassen sich regelmäßig von ihren Emotionen hinreißen. Hier meinen wir jene Trainer, die an der Seitenlinie oder im Kinderzimmer wie vom Affen gebissen brüllen, schimpfen und toben. Sie verdeutlichen, dass der kontrollierte Umgang mit Gefühlen keine Selbstverständlichkeit ist, sondern eine Notwendigkeit.

Heute wissen wir, dass ein kluger Umgang mit menschlichen Gefühlen, den eigenen und denen der anderen, entscheidender sein kann als das Vermögen, abstrakt und logisch zu denken. Die emotionale Intelligenz umfasst Fähigkeiten, mit denen wir unser Leben in der Gemeinschaft glücklich und erfolgreich meistern können. Dazu zählen Mitgefühl, Kommunikationsfähigkeit, Güte, Takt und Höflichkeit. Johann Wolfgang von Goethe und Friedrich Schiller sprachen in diesem Zusammenhang von »Herzensbildung«. Wir nehmen den Begriff der deutschen Klassiker gerne auf, weil er ausdrückt, dass sich diese wichtigen Fähigkeiten lernen lassen. Zuhause. Die bedeutendsten Lehrer in Sachen Gefühl sind die Eltern.

Die Familie ist die Schule der Gefühle.

Sie, liebe Mutter, lieber Vater, leiten diesen wichtigen Bildungsort. Die Aufgabe ist anspruchsvoll und der Unterrichtsstoff hat es in sich: Die menschlichen Empfindungen reichen von Glück, Wut, Trauer, Angst, Ekel, Sorge, Bewunderung, Verwirrung, Begeisterung und Überraschung bis hin zur Langeweile. Insgesamt gibt es mehr Gefühle als Tabellenplätze in der 1. Liga.

Wie sich mit diesen Emotionen zurechtkommen lässt, lernen Kinder im Familienalltag. Im Miteinander. Mütter und Väter, die sich mit Gefühlen auskennen und sich auf Beziehungen verstehen, vermitteln die Grundlektionen der Herzensbildung: Sie unterstützen ihre Kinder dabei, die eigenen Gefühle wahrzunehmen und konstruktiv mit ihnen umzugehen, sie helfen ihnen, sich in andere hineinzuversetzen und ihre eigenen Beziehungen positiv zu gestalten. Sie leben vor, wie sich Wut, Frust, Angst oder Trauer verarbeiten lassen. Sie lehren ihre Kinder, wie wichtig und hilfreich Tränen sein können und wie sich nach Enttäuschungen neuer Mut fassen lässt. Sie zeigen, wie sich innerer und äußerer Druck abbauen und in gute Leistungen verwandeln lassen. Gefühle sind eine Lebensenergie, die wir verstehen und kontrollieren können. Wir müssen nur wissen wie. Der positive Umgang mit Gefühlen ist eine der wichtigsten Bildungsaufgaben für Eltern und eine der anspruchsvollsten. Sie erfordert die Bereitschaft zur ständigen Weiterbildung und Übung. Was ihre Headcoaches vormachen, machen Kinder früher oder später nach.

Die Herzensbildung Ihrer Kinder betrifft auch Ihr eigenes Gefühlsleben. Ihre eigenen Beziehungen. Besonders die Beziehung, die Sie als Eltern miteinander pflegen oder verkümmern lassen: die Paarbeziehung. Ob in der klassischen Form oder in anderen Konstellationen, im Idealfall führen Sie die Schule der Gefühle nicht alleine, sondern als Team, das sich ergänzt, stärkt und liebt. Zu Ihrem erweiterten Team gehören auch Verwandte, Freunde, Lehrerinnen, Erzieher und Fußballtrainerinnen. Aber niemand hat so viel Einfluss wie Sie als Mutter und Vater.

Sie sind als Headcoach das wichtigste Vorbild für Ihre Kinder.

Jeden Tag. Sie geben den Umgangston für das Miteinander vor. Sie beweisen in jedem Moment am lebenden Modell, wie sich Konflikte im Team lösen oder eskalieren lassen. Sie, liebe Eltern, werden automatisch zum Musterbeispiel für die späteren Partnerschaften Ihrer Töchter und Söhne. Sie prägen ihre emotionalen Grundmuster und bestimmen, was Ihre Kinder im Zusammenleben als normal empfinden. Wenn wir schon Vorbild sind, dann wollen wir doch vor allem eines sein: ein gutes Vorbild! Auch wenn das erfahrungsgemäß manchmal sehr anstrengend sein kann.

Familie ist nicht nur das größte Glück, sondern auch die größte Herausforderung. Selbst wenn Eltern nicht mehr zusammenleben, sind beide immer noch in der Vorbildrolle und bleiben für die Herzensbildung ihrer Kinder verantwortlich. Es ist extrem wichtig für Kinder, dass getrennte Eltern ihre Wut, Enttäuschung und Traurigkeit verarbeiten und respektvoll miteinander umgehen. Unter erschwerten Bedingungen hohe Standards zu setzen, gelingt nur mit emotionaler Intelligenz.

Ein kluger Kopf bringt es nicht weit, wenn er sich von seinen Gefühlen ein Bein stellen lässt. Deshalb stärken die 11 Freunde nicht nur die Mentalität, sondern auch die Herzensbildung. Gefühl und Intelligenz liegen nicht nur in unserem Gehirn nahe beieinander, sondern auch bei den 11 Freunden. Sie spielen im selben Team.

Davon profitiert nicht allein Ihr Kind, sondern auch Sie als Headcoach, Sie als Paar und Sie als Familie. Wir geben Ihnen Beispiele: Wer sich gemeinsame *Ziele s*etzt, verleiht dem Paar- und Familienleben einen Sinn und schafft Verbundenheit. Gemeinsame Ziele schweißen zusammen. Wenn alle motiviert an einem Strang ziehen, zieht das Glücksgefühl mit.

Wer *Dankbarkeit* aufruft, dem gelingt es leichter, Wertschätzung auszudrücken und Anerkennung zu zeigen. Das hebt die Grundstimmung in der Paarbeziehung und in der Familie. Um den Rest kümmern sich die anderen Spieler des »11 Freunde«-Dream-Teams: *Selbstvertrauen, Tatkraft, Disziplin, Teamgeist, Disziplin, Bildung, Verantwor-*

tung, Respekt, Kreabilität und *Spielfreude.* Mögen diese Freunde immer an Ihrer Seite sein, wenn Sie die Schule der Gefühle leiten. Und, lassen Sie sich nicht vom Affen beißen, weder am Spielfeldrand noch in der Familie. Gefühle üben eine große Macht aus, aber Sie können mächtiger sein.

Seien Sie bereit, an sich selbst zu arbeiten. Das ist die Jobvoraussetzung für Ihre Aufgabe als Trainer.

Die wenigsten von uns werden als perfekte Mütter, Väter und Trainer geboren, die ihre Gefühle in jedem Moment vorbildlich meistern.

Was unsere Emotionen betrifft, sind die meisten von uns Lernende. Ein Leben lang.

Nur wenn wir lernbereit sind und an uns arbeiten, geben wir ein gutes Vorbild für unsere Kinder ab. Das ist nicht immer einfach, weil die wenigsten von uns selbst mit perfekten Vorbildern aufgewachsen sind.

Unsere Mütter und Väter haben in einer anderen Zeit und unter anderen Voraussetzungen ihr Bestes gegeben. Seitdem hat sich viel verändert und jetzt ist es an uns, unter neuen Bedingungen mit erweitertem Wissen, unser Bestes zu geben.

Doch wo beginnen?

Dort, wo immer der beste Anfang ist: bei uns selbst. Wer seine eigenen Gefühle bewusst wahrzunehmen und einzuschätzen lernt, kann seine Impulskontrolle verbessern. Dadurch bewahren wir uns und unsere Kinder vor unguten Situationen, besonders wenn wir gestresst, gereizt oder wütend sind. Wer rot sieht, sieht nicht klar. Entgleitet uns unsere Wut dennoch, ist es wichtig, anschließend die Verantwortung dafür zu übernehmen und um Verzeihung zu bitten. Auch hier sind wir Eltern in der Vorbildrolle. Indem wir es vorleben, bringen wir unseren Kindern bei, wie wichtig und selbstverständlich es ist, für Fehlverhalten geradezustehen und sich zu entschuldigen.

Eine ehrliche Entschuldigung beginnt mit der Wahrheit, und zwar zeitnah.

Wenn die Glaubwürdigkeit und das Vertrauen verspielt sind, ist der Rest nur noch Formsache mit wenig Aussicht auf Erfolg. Ein Beispiel dafür lieferte Christoph Daum. Vielleicht erinnern Sie sich daran, wie der Meistertrainer im Jahr 2001 vor laufenden Kameras Klartext redete: »Ich gebe den Kontakt zu Drogen zu. Ich habe Kokain genommen.« Und ja, er habe gelogen, auch das gab er zu, weil es ohnehin bewiesen war. Zu spät für ein wirksames Geständnis. Machen Sie es besser, wenn etwas schiefgelaufen ist. Raus mit der Wahrheit! Sofort! Sie sind ein Vorbild. Daum ist es in Bezug auf Glaubwürdigkeit nicht mehr.

Respektvolle Entschuldigungen hingegen können die Vorlage für ein Happy End geben. Ende gut, alles gut, die Fußballweisheit greift auch in diesem Fall. Ehrlich um Verzeihung zu bitten und diese zu gewähren, bringt uns alle weiter und gleichzeitig näher zusammen. Insbesondere im Familienteam.

Sie werden im Leben kein liebevolleres Gegenüber finden als Ihr Kind. Ihr Kind liebt Sie bedingungslos und verzeiht Ihnen Ihre Fehler. Schätzen Sie diese Liebe und Großzügigkeit, indem Sie achtsam damit umgehen. Gleiches gilt für Ihre Co-Trainer.

Helfen Sie sich gegenseitig, zu wachsen. Nehmen Sie sich bei der Hand.

Werfen Sie einen liebe- und verständnisvollen Blick auf Ihre Persönlichkeiten, Verhaltensweisen und die Gesamtsituation. Und dann ändern Sie, was Sie für nötig halten. Arbeiten Sie an sich! Das ist Ihr wichtigster Job als Trainer. Je besser Sie sich entwickeln, desto besser entwickeln sich Ihre Kinder.

Paarbeziehungen geraten oft ins Schlingern, sobald Kinder ins Spiel kommen. Bereits vor der Geburt sollten wir uns also darauf einstellen: Mit dem ersten Kind ändert sich unsere Paarbeziehung automatisch, weil wir nicht mehr alleiniger Mittelpunkt unserer Verbindung sind. Plötzlich sind wir für ein hilfloses Wesen verantwortlich, dessen Bedürfnisse Vorrang haben.

Kinder machen Paarbeziehungen nicht schwieriger, sie verändern sie nur. Logischerweise erfordert die neue Situation neue Prioritäten, Ziele und Aufstellungen. Wir müssen Positionen verschieben und Abläufe neu regeln. Da ist Kommunikation das A und O. Eltern müssen miteinander reden und gemeinsam dafür sorgen, dass Zeit für die Liebesbeziehung bleibt. Wo ein ehrlicher Wille ist, lässt sich ein guter Weg finden. Ob Kinder ein Störfaktor oder eine Bereicherung für das Team sind, entscheiden Sie als Headcoaches!

Oft vermissen gerade Männer die frühere Zweisamkeit und die ungeteilte Aufmerksamkeit ihrer Partnerin. Während diese als Mutter in der ersten Zeit mit den Folgen der Geburt und dem Baby vollauf beschäftigt ist, versuchen Väter oft krampfhaft an alten Gewohnheiten und Ansprüchen festzuhalten. Hier sind Schwierigkeiten vorprogrammiert, die sich nur mit emotionaler Intelligenz, also Herzensbildung, lösen lassen.

Beziehungsprobleme sind Männersache.

Leider gibt es immer noch zu viele Männer, die ihre emotionale Verantwortung als Vater nicht wahrnehmen. Abwesenheit in jeder Form – reale, geistige oder emotionale – schafft in der Familie Probleme, die sich nur durch echte Nähe lösen lassen. Wir gehen im folgenden Kapitel »Die Rahmenbedingungen« konkreter darauf ein.

Die meisten Familien beginnen mit dem Traum vom Glück. Sie wollen gemeinsam durchs Leben gehen. Viele scheitern trotzdem, weil sie ihren Traum nie als echtes Ziel formuliert und behandelt haben, sondern es mehr oder weniger dem Zufall überlassen, was mit ihrer Beziehung und ihrer Familie passiert. Träumen und hoffen allein reicht nicht. Wer es ernst meint mit seiner Beziehung und seiner Familie, braucht starke Mitspieler an seiner Seite.

Die 11 Freunde sind emotionale Alleskönner.

Sie vereinen die Erkenntnisse der Glücks- und Erfolgsforschung und sind psychologisch abgesichert. Jede Fähigkeit, die die 11 Freunde vermitteln, fördert das Wachstum unserer Persönlichkeit und unsere Teamfähigkeit. Die 11 Freunde machen auch uns Erwachsene klüger und glücklicher. Es sind buchstäblich Freunde fürs Leben. Für die ganze Familie.

DIE RAHMENBEDINGUNGEN

Familien brauchen Raum und Zeit

»Wie wollen Sie als Familie leben?«

Bundesligatrainer achten auf optimale Voraussetzungen: Während seiner Zeit als Trainer von Hannover 96 störte es Tayfun Korkut, dass Betreuer durch die Spielerkabine liefen, also ließ er den Kabinentrakt umbauen. Jürgen Klopp legte Wert auf unbeobachtete Trainingseinheiten und versperrte Spionen die Sicht, indem er auf dem BVB-Gelände Bäume pflanzen ließ. Pep Guardiola sorgte sich beim FC Bayern um den Untergrund und wünschte sich eine besondere Rasenmischung aus Kunst- und Naturgrün – Jahre nachdem Jürgen Klinsmann mit Buddha-Figuren die Atmosphäre beim FC Bayern beeinflussen wollte.

Profi-Trainer haben sehr genaue Vorstellungen von den Rahmenbedingungen. Sie wissen, wie viel von ihnen abhängt, und achten deshalb auf die kleinsten Details. Ihr Ziel sind optimale Bedingungen für ihren Job und ihre Spieler.

Gute Rahmenbedingungen erleichtern die große Aufgabe. Allerdings brauchen Eltern in der Familie mehr als Rasenmischungen und Umbaupläne. Sie brauchen Zeit, Entspannung und Absprachen, um ihren Kinder liebevolle, unterstützende und ausgeglichene Trainer zu sein. Ob alleinerziehend oder als Paar, ob getrennt oder unter einem Dach, in welcher Konstellation Sie als Coach Ihrer Kinder auch aufgestellt sind, es ist leichter, ein Vorbild zu sein, wenn die Rahmenbedingungen passen: eine gemeinsame Spielphilosophie, eine faire Aufgabenteilung, klare Absprachen, gegenseitiges Verständnis und Zeit füreinander. Damit zeigen Sie Ihren Kindern, wie Prioritäten gesetzt werden und wie Beziehungen zwischen Menschen gelingen können.

Nebenbei erleichtern Sie sich selbst das eigene Leben.

Sie meinen, das sei leichter gesagt als getan? Sie haben recht! Vielleicht stecken Sie gerade in einer Situation, die viele von uns kennen: Der Alltag lässt Ihnen kaum Zeit für die Partnerschaft und wenig Geduld für die Kinder. Ihr Nervenkostüm ist denkbar dünn, und der Druck von außen wird immer höher.

Außerdem nervt der Co-Trainer an Ihrer Seite. Ihre To-do-Listen werden täglich länger und ihre Unzufriedenheit mit jeder Minute größer. Sie zeigen anklagend zum Partner, weil es ein Leichtes ist, ihn für die Gesamtsituation verantwortlich zu machen. Sie selbst bemühen sich schließlich täglich und geben alles. Ihr Partner behauptet dasselbe.

Eine Familie durch die Klippen des modernen Lebens zu steuern, kann zu einem Kraftakt werden, wenn man als Elternpaar nicht ganz entschieden zusammensteht und bewusst die Rahmenbedingungen definiert. In einem Umfeld, in dem widersprüchliche Meinungen, Anforderungen und Lebensentwürfe um die Führung kämpfen, strengt es an, die eigene Position zu finden und zu halten. Welches Modell, welche Aufgabenteilung passt für die eigene Familie? Wie wollen wir leben?

Die Beziehung zu unserem Partner und unseren Kindern bildet und festigt sich, wenn wir zusammen sind. Unsere Lebenszeit ist das Wertvollste, was wir zur Verfügung haben, wir sollten sie daher nicht gedankenlos verschwenden, sondern bewusst verschenken. Wie schade, wenn wir uns durch diese begrenzten wunderbaren Jahre hetzen und unsere Familie auf den Abstiegsplatz rutscht. Wir sprechen uns an dieser Stelle nicht für das eine oder andere Familienmodell aus, sondern für eine bewusste Entscheidung und die lohnende Anstrengung, seine eigenen Werte zu leben. Kennen Sie Ihre Werte? Welche Prioritäten wollen Sie bewusst setzen?

Die Entscheidung liegt bei uns.

Bin ich selbst bereit, zugunsten meiner Familie auf eigene Interessen zu verzichten? Ja. Das habe ich bereits getan. Als mein Sohn Tim auf die Welt kam, habe ich eine meiner größten Leidenschaften aufgegeben: die Moderation von Sportveranstaltungen und Fernsehsendungen. Bis dahin war ich an vielen Abenden und Wochenenden mit dem Mikrofon und der Kamera unterwegs und habe gutes Geld verdient. Doch nach der Geburt meines Sohnes habe ich meine Prioritäten neu definiert. Die gemeinsame Zeit mit meiner Familie war mir wichtiger.

Als dann Tims kleiner Bruder Nick geboren wurde, habe ich die Rahmenbedingungen komplett verändert. Um noch mehr Zeit mit meiner Frau und meinen Kindern verbringen zu können, habe ich meine unternehmerischen Tätigkeiten halbiert und eine neue Wohnsituation geschaffen. Damit war die Frage beantwortet, die ich mir gemeinsam mit meiner Frau Christine gestellt hatte:

Was ist jetzt genau in dieser Lebensphase für uns wichtig? Was bedeutet uns am meisten?

Zusammen haben wir unsere Prioritäten gesetzt, entsprechend gehandelt und die Konsequenzen akzeptiert, denn weniger zu arbeiten, um mehr für die Familie da zu sein, wirkt sich auf das Einkommen aus. Heute verdiene ich deutlich weniger als noch vor zehn Jahren, dafür habe ich an Lebensqualität gewonnen und die Beziehung zu meiner Frau und zu meinen Kindern hat noch einmal eine ganz neue Tiefe und Vertrautheit bekommen.

Ich bin so leidenschaftlich bei der Sache, weil ich selbst erlebt habe, wie man sich trotz tiefer Liebe voneinander entfernen kann, und beinahe aus den Augen verliert, wenn die Prioritäten nicht stimmen. Meine Frau und ich, wir standen vor dem Dilemma, vor dem viele Familien stehen, wenn Kinder ins Spiel kommen: In unserer Ehe kriselte es. Wir haben diese Krise nur deshalb bewältigt, weil wir aufrichtig miteinander gesprochen haben, gemeinsame Entscheidungen getroffen haben und beide bereit waren, zu tun, was nötig ist. Bei all diesen Prozessen haben uns die 11 Freunde zur Seite gestanden, insbesondere unser *Verantwortungsbewusstsein*.

Heute sind wir beide privat und beruflich erfüllt, glücklich mit der Rollenaufteilung, für die wir uns gemeinsam entschieden haben. Meine Frau Christine hat ihre Leidenschaft zum Beruf gemacht: Sie ist im Reitsport aktiv und nicht nur eine hervorragende Reiterin, sondern auch eine sehr gute Trainerin. Mit ihrer Begabung und ihrer Kompetenz trägt sie entscheidend zum Lebensunterhalt unserer Familie bei. Das klappt, weil meine Frau die Vormittage, wenn die Kinder in der Schule sind, effektiv für ihren Beruf nutzt. Wenn sie für mehrere Tage auf Turniere fährt, kümmere ich mich um die Kinder oder wir fahren alle gemeinsam. Wir leben nach den Prioritäten, die wir gemeinsam vereinbart haben.

Lassen Sie uns faire Vorbilder sein und dabei einen eklatanten Missstand beheben: In der Praxis zahlen in aller Regel Frauen den Preis für familienfreundliche Rahmenbedingungen, wenn sie der Familie zuliebe ihren Beruf aufgeben. Im Trennungsfall steuern sie direkt in die Armutsfalle, denn das aktuelle Scheidungsgesetz stellt vor allem Männer gut. Wenn sich Frauen dafür entscheiden, ihrer Familie höchste Priorität einzuräumen, dann müssen sie abgesichert sein. Eheverträge können an dieser Stelle gute Dienste leisten. Bei Frauen sind Kopf und Kalkül gefordert, bei Männern Herz und Verantwortungsbewusstsein.

Am besten gefällt mir allerdings die Lösung, dass beide von der Elternzeit Gebrauch machen.

Kinder brauchen auch ihre Väter! Und Väter brauchen ihre Kinder.

Dieses Bewusstsein entwickelt sich nur, wenn Väter Zeit mit ihren Kindern verbringen, wenn sie sich einbringen und Verantwortung übernehmen. Das beginnt mit Wickeln, Baden und Bauklötze-Stapeln und setzt sich später mit der Hilfe bei den Hausaufgaben und gemeinsamen Unternehmungen fort.

Väter sollten in der Lage sein, auch über Stunden und Tage ihre Partnerin zu vertreten.

Durch die gemeinsame Zeit entwickeln Väter ein noch intensiveres Liebesgefühl für ihr Kind, eine stärkere Bindung und ein tieferes Verständnis. Männer, die sich ihren Kindern widmen, haben die Chance, einzigartige Glücksmomente zu erleben. Wer diese Chance nicht wahrnimmt, versäumt Großartiges.

Wollen wir Meister unserer Umstände sein oder ihr Opfer? Als Trainer müssen wir für unser Team die richtigen Entscheidungen treffen.

Fordert die Arbeitswelt nicht den »ganzen Mann«? Meine Antwort ist immer die gleiche: Wenn die Umstände nicht zu unserem Lebensziel passen, gibt es zwei Möglichkeiten. Wir ändern unsere Lebensziele, oder wir ändern die Umstände. Wir müssen klare Prioritäten definieren. Wir dürfen uns nicht mit Voraussetzungen zufriedengeben, die uns schaden, weder im familiären Bereich noch im gesellschaftlichen.

Es geht doch auch anders! Norwegen und Dänemark gelten als glücklichste Länder der Erde, obwohl dort überwiegend beide Elternteile arbeiten – aber eben unter familienfreundlichen Bedingungen. Deutschland liegt auf Platz 16 im UN-Glücksbericht 2017. Das Interessante an der Studie: Als entscheidende Größe für das Glück in reichen Ländern machen die Forscher nicht das Einkommen aus, sondern den Zustand der Gesellschaft, ein gutes soziales Netz, persönliche Beziehungen sowie körperliche und mentale Gesundheit. Zu den Glücksbringern gehören auch Solidarität und die Freiheit für eigene Lebensentscheidungen. In diesem Sinne wünsche ich uns *Tatkraft* für entschlossene Entscheidungen, dann kommt das Glück von ganz allein.

DIE VORSTELLUNGSRUNDE

Sie sollen wissen, mit wem Sie es zu tun haben

»Coaching ist immer eine persönliche Angelegenheit.«

Sie sind der Headcoach Ihrer Kinder. Als Eltern stehen Sie an der Spitze des Trainerstabs, zu dem in der Regel Lehrer, Trainer, Familienmitglieder und enge Freunde zählen. Dass Sie mich mit diesem Coaching-Buch in Ihr Team einladen, ehrt und freut mich. Ich empfinde es als wunderbare Verpflichtung, als Coach an Ihrer Seite zu stehen. Sie können sich absolut sicher sein, für Sie, für Ihre Töchter und Ihre Söhne gebe ich alles: meine drei Jahrzehnte Erfahrung bei der Ausbildung von Kindern und Jugendlichen, meine Erkenntnisse als Leiter des Deutschen Fußball Internats, meine Kompetenz als Mentalcoach und meine Begeisterung für die Entfaltung von Persönlichkeiten.

Ich selbst lebe die Coaching-Inhalte der 11 Freunde seit Jahren mit Herz und Seele. Sie prägen und bereichern mein Leben und das Leben meiner Familie. Die 11 Freunde werden auch Ihr Leben bereichern!

An dieser Stelle möchte ich Sie jedoch noch wissen lassen, mit wem genau Sie es zu tun haben. Coaching ist immer eine persönliche Angelegenheit und geht weit über Eckdaten wie Alter, Berufsweg und Familienstand hinaus. Bevor ich am Deutschen Fußball Internat einen neuen Trainer ins Team hole, will ich ihn kennenlernen. Ich verlange keinen perfekten Lebenslauf, aber ich erwarte selbstverständlich Kompetenz, eine positive Haltung, Lernfähigkeit, eine überdurchschnittliche Einsatzbereitschaft, Leidenschaft für die Ausbildung von Kindern und Jugendlichen, jede Menge Begeisterungsfähigkeit und Ehrlichkeit. Gleiches können Sie auch von mir verlangen.

Höchste Zeit also für eine Vorstellungsrunde.

Ich werde Ihnen anvertrauen, warum ich mir mit neun Jahren Weinkorken in den Mund steckte und mich mit zwanzig weigerte, deutsche Schlager zu singen. Sie erfahren, wie mich ein Mann namens Brian Tracy davor bewahrte, ein echter Vollpfosten zu werden, und wie mich Boris Becker im entscheidenden Moment hängen ließ. Ich verrate Ihnen, welche Stärken mich gerettet haben und warum das Deutsche Fußball Internat meine Passion ist.

Ich war definitiv einer von den kleinen Jungs mit dem großen Traum: ein ziemlich guter Kicker, der seinen Vorbildern Günter Netzer und Franz Beckenbauer nacheiferte. Es sah auch ganz gut für mich aus, bis ich eine sehr schwere und ansteckende Gelbsucht bekam und ein halbes Jahr in Quarantäne musste. Danach kam ich nicht mehr auf die Beine. Körperlich hätte ich wahrscheinlich wieder aufholen können, aber meine Mentalität war zu schwach.

Leider hatte ich damals nicht alle 11 Freunde beisammen. Mir fehlte die Fähigkeit, meinen Traum in ein erreichbares Ziel zu verwandeln. Außerdem mangelte es mir an der notwendigen *Disziplin*.

Heute ist es am Deutschen Fußball Internat meine Aufgabe, die Träume unserer Schüler in planbare *Ziele* zu verwandeln. In meinen Anfangsjahren als Trainer kam bei mir die Frage auf, ob ich eigene verpasste Chancen auf andere projiziere. Ich kann guten Gewissens antworten, dass meine persönlichen Erfahrungen vielleicht einen kleinen Teil meines Engagements ausmachen, aber der weitaus größere Teil speist sich aus meiner Leidenschaft fürs Mentalitätscoaching – und hier steht die Persönlichkeit des Kindes deutlich im Vordergrund, nicht der Fußball. Gleichwohl ermöglicht es mir meine eigene Lebensgeschichte, mich in meine Schüler einzufühlen. Darüber hinaus strebt mein starker väterlicher Instinkt danach, jedes Kind zu ermutigen, sein Potenzial zu entfalten. In unseren Kindern stecken großartige Möglichkeiten, die es zu fördern gilt.

Was den Fußball anbelangt, bin ich meiner Leidenschaft definitiv treu geblieben und der beste Beweis dafür, dass es im Fußball nicht nur auf dem Spielfeld Möglichkeiten gibt. Heute hilft mir meine eigene Erfahrung, fußballbegeisterte Kinder zu verstehen und sie nach Niederlagen wieder aufzubauen. Ich kann mir keine schönere Aufgabe vorstellen, deshalb muss ich nichts projizieren oder kompensieren. Aber zugegeben: Ich ermutige unsere Kinder und Jugendlichen, weil ich an jeden Einzelnen von ihnen glaube.

Zurück zu meiner eigenen Kindheit: Die Gelbsucht war nicht die einzige Herausforderung. Weitaus mehr setzte mir mein Sprachfehler zu. Ich brachte kein vernünftiges »S« zustande. So sehr ich es auch versuchte, ich scheiterte. Statt »S« kam »Sch« aus meinem Mund. Sie können sich vielleicht vorstellen, wie sehr sich Mitschüler darüber amüsieren, wenn Sie statt »Susanne« immer »Schuschanne« sagen. Die anderen Kinder machten sich einen Spaß daraus, mir Wörter mit möglichst vielen »S« vorzulegen und zu verlangen, dass ich sie ausspreche. Ich war die Lachnummer der Klasse, bis ich mit neun Jahren eine Lösung fand: Ich entschied mich, gar nichts mehr zu sagen. Kein einziges Wort.

Mein Vater hat mich aus meiner Misere gerettet.

Er packte mich nach einem schweigsamen Abendessen an den Schultern, sah mir in die Augen und sagte: »Junge, was immer du wirklich willst, das schaffst du.« Dann hat er sein Heiligtum, sein Tonbandgerät mit Aufnahmefunktion, auf den Küchentisch gestellt, mir eine Tageszeitung gegeben und mir einen Weinkorken in den Mund gesteckt. Ich sollte vorlesen. Er saß ruhig und geduldig daneben und wiederholte: »Junge, was immer du wirklich willst, das schaffst du!« Mein Vater sollte recht behalten.

Ich entwickelte einen enormen Ehrgeiz und las und las und las. Ich mauserte mich von einem Jungen, der Angst hatte zu sprechen, zu einem jungen Mann, der als Moderator arbeitete und heute als Trainer vor vielen Menschen Vorträge hält und Hörbücher einliest. Diese Erfahrung und dieser Erfolg haben mich extrem geprägt. Das verdanke ich meinem Vater.

Mein Vater war ein Trucker, ein Tanklastzugfahrer, mit Herz und Hirn. Wenn er mich auf dem Beifahrersitz seines LKW mitnahm, gab es kein glücklicheres und stolzeres Kind als mich. Er selbst wollte allerdings runter vom Asphalt und seiner Leidenschaft folgen: Er war von Computern fasziniert. Über die Abendschule bildete er sich weiter zum EDV-Kaufmann und wechselte anschließend zur Bausparkasse Schwäbisch Hall. Die Familie folgte dem Jobangebot und zog um. Bis zu diesem Punkt konnte ich Ihnen eine Erfolgsgeschichte erzählen. Die Fortsetzung gestaltete sich leider weniger rosig.

Mein Vater widmete sich mit Leib und Seele seiner Arbeit. Er war ein klassischer Workaholic. Während er Erfolge feierte und seine berufliche Karriere florierte, verkümmerte meine Mutter zuhause. Irgendwann begann sie, sich mit Alkohol zu trösten. Erst mit wenig, dann mit sehr viel.

Meine Eltern ließen sich scheiden, als ich zwölf Jahre alt war. Es war eine schwierige Zeit, weil diese Trennung alles andere als unkompliziert verlief. Inmitten der heftigen Streitereien waren meine Schwester und ich weitgehend auf uns allein gestellt. Die belastende Gesamtsituation eskalierte, als meine Mutter eine Affäre begann und eines Tages zu ihrem Liebhaber ins Auto stieg. Mein verzweifelter Vater nahm die Verfolgungsjagd auf, mit mir auf dem Beifahrersitz. Unter Tränen und mit hoher Geschwindigkeit steuerte er uns in eine lebensgefährliche Situation.

Als Zwölfjähriger schwor ich mir, mich nie zu verlieben, und entwickelte mich in Bezug auf Frauen zu einem echten Vollpfosten. Ich hatte nur noch eines im Sinn: Nie in meinem Leben wird mir eine Frau so wehtun!

Ich verschloss mich und musste schließlich dafür die Konsequenzen tragen: Meine erste Ehe scheiterte, und ich wurde der Verantwortung für meinen ältesten Sohn Sven nicht gerecht. Gerade dreiundzwanzig Jahre jung, war ich zu sehr mit den zahlreichen Macken und Verletzungen aus meiner eigenen Kindheit beschäftigt und mit meiner neuen Verantwortung zum Teil so überfordert, dass ich als Headcoach meines Sohnes größtenteils versagte. Ich hatte meine 11 Freunde zu dieser Zeit noch nicht beisammen. Insbesondere die Verantwortung und die Bildung, konkret das Wissen über Erziehung, fehlten mir zur Gänze.

Mit dem Handwerkszeug und den Trainingsmethoden aus diesem Buch hätte auch ich meinem Sohn eine Kindheit voller Spielfreude ermöglichen können. Stattdessen dribbelte ich ohne jegliche Naturbegabung an den so eminent wichtigen frühen Lebensjahren von Sven vorbei und verstand meine Aufgabe nicht als den wichtigsten Job der Welt. Die Trennung von Svens Mutter machte die Lage nicht leichter. Für keinen von uns, vor allem nicht für meinen Sohn. Es waren schwierige Jahre.

An Svens achtzehnten Geburtstag habe ich mich mit meinem Sohn ausgesprochen und die Verantwortung für meine Fehler übernommen, aber eine Entschuldigung ist keine Wiedergutmachung, sondern nur ein Anfang.

Ich habe aus meinen Fehlern gelernt und bin heute mit den 11 Freunden wesentlich besser für die große Aufgabe der Elternschaft aufgestellt. Bei meinen beiden jüngeren Söhnen Tim und Nick habe ich von Beginn an mit meiner Frau Christine die richtigen Prioritäten gesetzt. Gleichwohl wünschte ich, ich hätte bereits vor dreiunddreißig Jahren gewusst, was ich heute weiß, und wäre auch Sven ein guter Headcoach gewesen.

Ich schreibe meine persönliche Geschichte mit dieser Offenheit, damit Sie verstehen können, warum ich so sehr für das Thema Erziehung brenne und warum ich mit so einer Leidenschaft zuhause und im Deutschen Fußball Internat dafür arbeite, meiner Verantwortung gerecht zu werden und mein Wissen und meine Erfahrung weiterzugeben. Auch die aus meiner Schulzeit.

Meine Schullaufbahn habe ich kurz vor dem Abi abgebrochen. An meinem achtzehnten. Geburtstag ging ich zum Direktor meines Gymnasiums und »kündigte«, um mich in Zürich zum Moderator ausbilden zu lassen. Anschließend arbeitete ich für Funk und Fernsehen.

Tagsüber. Die Nächte verbrachte ich als DJ in Clubs hinter dem Plattenteller oder ganz vorne auf der Bühne als blondgelockter Rapper.

Einem Musikproduzenten gefiel meine Performance, er steckte mir seine Karte zu und lud mich zu Probeaufnahmen nach Amsterdam ein. Wenige Wochen später trafen wir uns im Studio, um erste Tests zu machen. Er hatte meine Karriere schon genau vor Augen, erzählte von großen Erfolgen und unzähligen Fans. Dann drückte er mir das Musikstück in die Hand. Ein Blick auf die Noten und den Text, und all meine Hoffnungen waren dahin.

Ich sollte deutsche Schlager singen!

Schmachtfetzen hoch drei! Ich, der Rapper! »Junge, du bist genau der Typ dafür, du kannst Millionen verdienen«, versuchte mich der Produzent zu locken, aber ich hatte andere Träume und reiste ab. Ohne Plattenvertrag, aber mit Selbstachtung. Ich höre heute noch lieber Soul, Funk, Rap und Dancefloor als Schlager.

Die entscheidende Wende in meiner turbulenten Jugend brachte die Bundeswehr. Nach meiner Grundausbildung stand für mich unumstößlich fest, dass ich nie mehr Befehle von anderen entgegennehmen wollte, deshalb gab es für mich keine Alternative zur Selbstständigkeit. Ich wollte mein eigener Chef sein und war bereit, Risiken zu tragen und Verantwortung zu übernehmen. Doch vorher musste ich mich selbst auf die Reihe bringen, darüber war ich mir im Klaren. Mit Ende zwanzig begann ich also, mir intensiv Gedanken über mich, meine Kindheit und meine Zukunft zu machen.

Die entscheidenden Anstöße verpasste mir ein Mann namens Brian Tracy. Ich hatte das Glück, diesen legendären amerikanischen Persönlichkeitstrainer in einem Seminar zu erleben. Hinterher stellte ich mir die richtigen Fragen: Wer bin ich, und wer will ich sein? Wo stehe ich, und wo will ich hin? Was muss ich tun, um das Leben zu gestalten, das ich führen will? Mit einigen Jahren Abstand betrachtet, war diese Auseinandersetzung mit mir selbst die wichtigste Phase meines Lebens.

Ich wollte zurück zum Fußball!

Fußball ist meine Leidenschaft! In dieser Welt habe ich mich schon immer zuhause gefühlt. Hier wollte ich Gutes bewirken, insbesondere für Kinder. Mich trieb schon damals die Überzeugung an, dass Fußball mehr ist als nur Bewegung. Fußball schafft Gemeinschaft und bringt den Jungs und Mädchen Spaß und Bestätigung. Also gründete ich meine erste Firma und veranstaltete deutschlandweit Fußballcamps.

Beruflich und privat war ich zu dieser Zeit viel mit Profifußballern wie Mario Basler, Thomas Schneider, Horst Heldt, Marco Bode, Jens Jeremies und Bruno Labbadia unterwegs. Tolle Kerle, allesamt! Zugegeben, öffentlich war Mario Basler für Zigaretten, Alkohol und kantige Sprüche bekannt. Sein Name bürgt nicht unbedingt für Disziplin oder Ernsthaftigkeit. Selten habe ich jedoch einen so herzlichen Familienmenschen und guten Freund wie Mario Basler getroffen. Das Herz dieses Mannes ist ebenso groß wie seine Klappe.

Die Ansprüche an Fußballer waren damals andere und die Mentalität offiziell noch kein großes Thema. Allerdings fällt auf, dass Spieler, die sich schon damals auf die ausschlaggebenden Mentalitätsfaktoren konzentrierten, heute in einer glücklichen Lage sind: Marco Bode entscheidet im Aufsichtsrat bei Werder Bremen, Jens Jeremies berät Spieler wie Leroy Sané, und Horst Heldt ist einer der erfolgreichsten Manager der Bundesliga. Auch Thomas Schneider hat seinen Weg gemacht und arbeitet heute als Trainer für den DFB, während sich Bruno Labbadia als Bundesligatrainer einen Namen erarbeitet hat.

Aus meinen Beobachtungen und Erfahrungen im Profifußball und aus meinen Erkenntnissen als Unternehmer entwickelte ich ein Mentalitätstraining, das sich auf die entscheidenden Erfolgs- und Glücksfaktoren konzentriert, wie Selbstvertrauen, Zielsetzung, Tatkraft und Motivation. Das nötige Ausbildungsprogramm stellte ich selbst zusammen und achtete stets darauf, nur von den Besten zu lernen. Ich ging auf Wanderschaft und Studienreise gleichermaßen.

Als leidenschaftlicher, wissbegieriger Lerner suchte ich mir auf aller Welt die besten Dozenten zum Thema Mentalität, Persönlichkeitsentwicklung und positive Psychologie. Vor allem in den USA, weil die Amerikaner in diesen Bereichen führend sind.

Ich habe Menschen wie Brian Tracy und Anthony Robbins kennengelernt und mich intensiv mit erfolgreichen amerikanischen Sporttrainern und deutschen Fußballtrainern befasst. Sie waren meine Mentoren, ebenso wie unzählige Erfolgstrainer, Psychologen und Wissenschaftler.

Doch der beste Lehrmeister von allen war und ist die Erfahrung. Kompetenz wird in der Praxis erworben!

Am meisten habe ich auf dem Fußballplatz und im Deutschen Fußball Internat gelernt. Mit und von meinen Schützlingen. Im Laufe der Jahre habe ich für über siebenhundert Kinder die Verantwortung als Internatsleiter übernommen und die Persönlichkeitsentwicklung »meiner« Kinder begleitet. Noch heute lerne ich mit jedem jungen Menschen etwas Neues dazu, und selbstverständlich bilde ich mich regelmäßig psychologisch und pädagogisch fort.

Genauso gerne gebe ich mein Wissen weiter. Inzwischen kommen Sportstudenten ans Deutsche Fußball Internat, um von unserem Mentalitätskonzept zu lernen.

Wir gehören zu den Vorreitern, die Mentalität kindgerecht vermitteln und aufbauen.

Meine ersten Klienten als Mentalitätscoach waren erwachsene Sportler. Dass ich mein Training inzwischen auf Kinder und Jugendliche zugeschnitten habe, liegt zum einen natürlich daran, dass ich nun selbst Kinder habe. Zum anderen sind während der Kindheit die Lernfenster am weitesten geöffnet. Wer als Kind oder Jugendlicher begreift, von welch großer Bedeutung die Mentalität ist, profitiert das ganze Leben davon. Auf dieser Erkenntnis entwickelte ich über die Jahre mein Mentalitätscoaching »11 Freunde«, von denen jeder einzelne Freund für einen Erfolgs- und Glücksfaktor steht.

Noch in der Entwicklungsphase halfen mir die 11 Freunde Anfang 2000 aus einer unternehmerischen Pleite. Meine Fußballcamps waren bundesweit top gebucht und meine Firma proSport entwickelte sich mit über dreißig proSport-Geschäften zur Nummer 1 im Teamsport. Das hatte Boris Becker auf uns aufmerksam gemacht. Er war beeindruckt und wollte mit uns kooperieren. Nach unserem Vorbild schwebte ihm eine Boris-Becker-Sportkollektion vor, Boris-Becker-Tenniscamps und Boris-Becker-Shops. In der Entwicklungsphase des Projekts arbeiteten Boris und ich eng zusammen. Zwischen uns entstand ein freundschaftliches, vertrauensvolles Verhältnis, und unser Vorhaben entwickelte sich vielversprechend. Auf der Sportmesse ISPO in München wollten Boris und ich 2001 gemeinsam unser Projekt vorstellen. Doch der Tag sollte eine ganz andere Wendung nehmen. Ich ahnte es, als ich die Zeitung an der Rezeption sah. Die Schlagzeile lautete: »Muss Boris ins Gefängnis?«

Natürlich rief ich Boris sofort an, doch er war von einer Sekunde zur anderen nicht mehr erreichbar. Auch auf der Messe tauchte er nicht auf. Dort stand ich völlig geplättet und musste mich den Fragen der Journalisten stellen. Verständlicherweise wollten alle nur Infos zu Boris. Für unser Projekt interessierte sich niemand mehr. Nur die Zeitung meiner Heimatstadt. Sie titelte: »Der tiefe Fall des Thomas E«.

Mit vierzig Jahren war ich also pleite und am Boden zerstört. Zuerst habe ich mich im Selbstmitleid gebadet und nicht vor die Tür gewagt. Mein Selbstvertrauen war dahin. In diesen harten Tagen habe ich mich an die 11 Freunde erinnert. So gelang es mir schließlich, neue Ziele zu formulieren und diese umzusetzen. Die 11 Freunde haben dafür gesorgt, dass ich meine Zuversicht wiedergefunden habe. Diese Erfahrung hat mich zu einem noch besseren Coach gemacht. Seitdem ist es mir eine Herzensangelegenheit, meinen Wissens- und Erfahrungsschatz an junge Menschen weiterzugeben.

Aus jeder Pleite gibt es einen Ausweg. Die Boris-Becker-Pleite habe ich überwunden, indem ich mich wieder auf meine Leidenschaft und Kompetenz konzentriert habe: Fußball. Mit den Fußballcamps hatte meine Firma proSport eine solide Basis, darauf baute ich wieder auf und dachte weiter.

Die Offenheit, mit der ich mit Niederlagen und Erfolgen umgehe, beruht auf zwei Komponenten: Ich glaube an Ehrlichkeit und bin mit mir im Reinen. Außerdem finde ich, dass Eltern, die mir die Erziehung ihrer Kinder anvertrauen, ein Recht darauf haben, zu wissen, wer ich bin und was mich geprägt hat. Wer mit Menschen zusammenarbeitet und ihnen etwas vermitteln will, darf sich nicht mit Oberflächlichkeit und Imagefragen aufhalten. Entwicklungen finden in der Tiefe statt. Echte Begegnungen auch.

Das Vertrauen in Menschen habe ich nie verloren. Wie könnte ein Mensch, der Kinder ausbildet, das Vertrauen in die Menschen verlieren? Unsere Kinder sind großartig! Mit den Persönlichkeiten, die da heranwachsen, hat nicht nur der Fußball eine Zukunft, sondern das ganze Land.

Mit der Gründung des Deutschen Fußball Internats hatte ich eine klare Vision und einen Plan. Ich wollte verbinden, woran ich glaube: Fußball, Bildung und Persönlichkeitsentwicklung. Ich wollte einen Bildungscampus schaffen, an dem ich auch gerne gelernt hätte. Einen Platz, an dem Kinder ihrer Leidenschaft, dem Fußball, nachgehen können, dabei eine gute Bildung erhalten und obendrein das mentale Rüstzeug, um die eigenen Ziele zu erreichen und mögliche Krisen überwinden zu können.

Ganz besonders freut mich, dass wir inzwischen auch die Torwart-Legende Oliver Kahn mit unserem Konzept begeistern konnten. Seine Firma Goalplay kooperiert mit dem Deutschen Fußball Internat. Der dreifache Welttorhüter Oliver Kahn ist eine Inspiration für jeden Sportler und für mich der Inbegriff dessen, was durch harte und gezielte Arbeit möglich ist. Oliver war nie das ganz große Talent, er absolvierte nie ein U-Länderspiel und war in seiner Jugend sehr oft nur die Nummer 2. Doch Oliver verfügt über eine ganz besondere Kraft, die ihn von anderen abhebt: seine Mentalität.

Ich kenne niemanden, der so diszipliniert und zielorientiert wie Oliver Kahn agiert. Allerdings wünsche ich ihm, dass bei all seinen geschäftlichen Unternehmungen der Spaß und die Freude nicht auf der Strecke bleiben. Und wie mir Oliver selbst bestätigte, hat er in der Vergangenheit allzu oft vergessen, Erfolge auch zu feiern und das Leben mehr zu genießen.

Woher nehme ich die Energie für alle meine Unternehmungen? Meine Antwort umfasst elf Positionen: *Selbstvertrauen, Ziele, Tatkraft, Disziplin, Teamgeist, Dankbarkeit, Bildung, Verantwortung, Respekt, Spielfreude* und *Kreabilität.* Ich habe meine 11 Freunde verinnerlicht und weiß, wie ich sie jederzeit abrufen kann. Auf diese innere Elf kann ich mich verlassen. Sie hat mir am Ende auch mein größtes Glück ermöglicht: meine Ehefrau Christine und meine Söhne.

Ich habe Christine auf einem internationalen Reitturnier kennengelernt, exakt zu der Zeit, da sich meine Werte erheblich verschoben hatten und ich unbedingt eine Familie gründen wollte. Christine war für die Reitsportserie einer großen deutschen Versicherung tätig, und ich stellte ihr nach einem langen Gespräch jene Frage, die ich zuvor schon der einen oder anderen Frau gestellt hatte: Was sind deine Lebensziele? Tine sagte frei heraus: Ich möchte eine Familie haben, mit mindestens zwei Kindern! Rückblickend muss ich sagen, dass ich mich wohl in diesem Augenblick in Tine verliebt habe, obwohl ich mich nie verlieben wollte.

Der Mensch ist in jedem Alter lernfähig.

Wir alle können unsere Haltung und unser Verhalten jederzeit verändern und damit unsere Chancen auf Glück und Erfolg.

Mit dem Fußballspielen hat es übrigens auch noch geklappt. Ich spiele inzwischen regelmäßig mit meinen Söhnen im Garten.

DIE SPIELERBEOBACHTUNG

Sehen Sie das Beste in Ihren Kindern!

»Wir sehen, was wir glauben, erwarten und sehen wollen.«

Wer lernen will, sollte von den Besten lernen und sich keinesfalls mit mittelmäßigen Vorbildern zufriedengeben. Vor allem, wenn es um die eigenen Kinder geht. Deshalb ziehen wir an dieser Stelle strikt die Grenze zwischen schlechten Trainern, die sich lauthals an ihrer Machtposition berauschen und ihre Schützlinge ohne jegliches Feingefühl über Fußballplätze jagen, und guten Trainern, die ihre Aufgabe mit Kompetenz, Engagement und Herz erfüllen. Nur letztere verdienen die Bezeichnung »Trainer« oder »Coach«. Nur sie taugen als Vorbild.

Die besten Trainer schauen erst einmal hin. Und zwar ganz genau.

Sie beobachten ihre Spieler, um sie kennenzulernen, selbst wenn die halbe Welt glaubt, ohnehin alles zu wissen. Als Trainer Thomas Tuchel 2018 von Dortmund in die französische Hauptstadt zu Paris St. Germain wechselte, hätte er allein für den Superstar Neymar einen ganzen Koffer voller Vorurteile mitbringen können. Stattdessen sprach Tuchel mit Neymar, schenkte ihm Vertrauen und fasste sein eigenes Urteil. Der Idealfall! Gute Trainer haben ihre Spieler im Blick und bleiben unvoreingenommen, anstatt sie in bereits offene Schubladen einzusortieren. Thomas Tuchel ist sich bewusst, »dass man bei Sympathie für einen Spieler eher geneigt ist, auf gute Dinge zu warten, und bei Antipathie auf schlechte.« Auch er muss sich regelmäßig fragen, ob er in diese Falle tappt.

Wo liegen die Stärken unserer Kinder? Wo brauchen sie unsere Unterstützung? Auf welcher Position können sie sich entfalten? Wie finden sie sich im Team Familie zurecht? Wir müssen immer wieder aufs Neue genau beobachten. Menschen entwickeln und verändern sich, insbesondere junge Menschen. Wer ihnen gerecht werden will, muss am Ball bleiben und alles regelmäßig infrage stellen. Auch die eigene Wahrnehmung. Gerade die. Vieles hängt von unserer Perspektive und unseren Erwartungen ab.

Unsere Einstellung steuert unsere Wahrnehmung.

Wir Menschen sehen bevorzugt das, was wir erwarten und was wir sehen wollen. Die Wissenschaft erklärt es unter anderem mit der »Hypothesentheorie« der amerikanischen Psychologen Leo Postman und Jerome Bruner. Eine Hypothese beschreibt eine noch nicht bewiesene Annahme. Die Kernaussage der Hypothesentheorie lautet: Was wir annehmen und voraussetzen, nehmen wir wahr.

Es beginnt mit unserer Aufmerksamkeit. Von den vielfachen Reizen, die in jedem Moment auf uns einströmen, wenden wir uns vor allem jenen zu, die bereits getätigte Annahmen bestärken. Stufen wir unseren Partner als schlampig ein, fällt uns sein Handschuh am Boden auf und nicht die Jacke auf dem Kleiderbügel. Haben wir Angst vor Hunden, stechen uns Zeitungsartikel ins Auge, die unsere Befürchtungen bestätigen, und vergessen dabei, dass uns noch nie ein Hund gebissen hat. Halten wir unser Kind für ungeschickt, machen wir aus jedem umgestoßenen Glas eine große Sache.

Dies wirkt sich besonders auf unsere Partnerschaft und die Beziehung zu unseren Kindern aus. Gerade bei enger Verbundenheit beeinflussen unsere Gefühle, Bedürfnisse und Erfahrungen, was wir sehen und wie wir es bewerten. Das hat oft viel mit uns selbst zu tun und viel weniger mit unseren Mitmenschen.

Gute Trainer sind sich bewusst, dass unsere Wahrnehmung subjektiv ist. Mit dieser Haltung bleiben sie offen für Entwicklungen und Überraschungen. Sie wissen überdies, dass ihre emotionale Tagesform beeinflusst, wie sie Spieler sehen. Sie besitzen den Mut, ihre Meinung zu ändern, und entscheiden sich dabei für die konstruktive Perspektive, indem sie ihre Aufmerksamkeit auf Möglichkeiten und Potenziale lenken.

Worauf achten Sie? Wie nehmen Sie Ihr Kind wahr? Wer Gutes erwartet, wird Gutes sehen.

Tuchel beschrieb Superstar Neymar nach der ersten Begegnung als sehr freundlichen und offenen Menschen. »Ich habe ein Lächeln auf seinem Gesicht gesehen. Das ist genau das, was ich will.« Tuchel sah Neymars Chancen und Möglichkeiten. Er schuf damit den besten Start für großartiges Coaching. Das wollen wir ebenfalls. Jeden Tag aufs Neue.

DIE TALENTFRAGE

Der große Irrtum

»Nicht das Talent entscheidet, sondern die Mentalität.«

Als Nico Kovač 2018 den DFB-Pokal in den Händen hielt, hatte er es wieder einmal allen bewiesen: Den Fans seines damaligen Arbeitgebers Eintracht Frankfurt, den kritischen Managern und den Münchnern, die ihn bereits als Coach für den FC Bayern verpflichtet hatten. Ergriffen bedankte sich Nico Kovač vor laufender TV-Kamera bei allen, die über die Jahre an ihn geglaubt hatten.

Kovačs Anfänge waren bescheiden: Als er in seiner Kindheit auf Berliner Bolzplätzen antrat, brachte er scheinbar viel weniger mit als andere. Er war kleiner und langsamer als die anderen Jungs und hatte keine coolen Tricks zu bieten. Es gab Tage, da waren blaue Flecken und blutige Knie die einzigen sichtbaren Ergebnisse seiner anhaltenden Bemühungen. Kovač wurde nichts geschenkt.

Trotzdem hatte er mehr als die anderen Spieler aus dem Arbeiterbezirk Wedding. Schon als kleiner Junge verfügte er über eine große Mentalität. Später würde er sie als »Arbeitstalent« bezeichnen. Ein passender Begriff!

Der Wissenschaftsjournalist Malcolm Gladwell belegte in seinem Bestseller *Überflieger*, dass Wunderkinder nicht geboren werden, sondern trainiert. Sein Fazit lag nahe und sorgte international für Aufsehen:

Jeder kann zur Weltklasse aufsteigen, wenn er beharrlich die Grenzen seiner Fähigkeiten ausweitet.

Talent ist am Ende reine Übungs- und Willenssache, im Sport wie in der Schule. Bereits Anfang der Neunzigerjahre stellte der Psychologe Anders Ericsson gemeinsam mit Kollegen die 10 000-Stunden-Regel auf. Sie besagt, dass nicht Talent zur Meisterschaft führt, sondern die Anzahl der Übungsstunden. An der 10 000er-Marke trennen sich die Profis von den Amateuren. Hier verläuft die Linie zwischen Bolzplatz und Bundesliga, zwischen Konzertsaal und Wohnzimmer. Ein Profipianist hat mit 20 Jahren etwa 10 000 Übungsstunden absolviert, ein Amateur nur 2000. Ein erfolgreicher Fußballer läuft in jungen Jahren auf den Platz, wenn andere auf dem Sofa oder vor der Playstation sitzen.

In seinem im Jahr 2016 erschienenen Buch *Top* stellt Ericsson klar: Bloße Übung, im Sinne von Wiederholung, führt nicht an die Spitze. Nach über 30 Jahren Forschung folgerte er, dass Menschen, die auf ihrem Gebiet zu den Besten der Welt zählen, tatsächlich über eine außerordentliche Gabe verfügen, die ihren Fähigkeiten zugrunde liegt. Doch es ist kein individuelles, spezielles Talent: »Jeder von uns [wird] damit geboren und kann, wenn er es richtig anstellt, davon profitieren.«

Als diese Gabe, dieses Talent, definiert der Expertise-Forscher die Anpassungsfähigkeit des menschlichen Gehirns und Körpers. Durch intensives Üben verändern sich die Strukturen und Verbindungen in unserer Schaltzentrale. Abgesehen von wenigen Bereichen, in denen Körpermaße ausschlaggebend sind, gilt: Spitzenleistungen sind das Resultat einer starken Mentalität.

Ein Talent, das nicht trainiert wird, verschwindet in der Bedeutungslosigkeit. Wer es erhalten und entwickeln will, braucht Unterstützung: Die 11 Freunde, das Dream-Team aus *Selbstvertrauen*, *Ziele*, *Tatkraft*, *Disziplin*, *Teamgeist*, *Dankbarkeit*, *Weiterbildung*, *Verantwortung*, *Respekt*, *Kreabilität* und *Spielfreude*. Gemeinsam können sie Großes bewirken.

Wer seine Leistung ernsthaft steigern will, muss bewusst lernen und üben. Er braucht ein Ziel, muss seine Komfortzone verlassen, *Disziplin* zeigen und Feedback einholen. Professor Ericsson fasst diese

Faktoren unter dem Begriff »bewusstes Lernen« zusammen. Er beschreibt sie als Methode, um Weltklasse zu erreichen. Darüber hinaus stellt Ericsson die enorme Bedeutung von Feedback heraus. Ohne Feedback lässt sich schwer erkennen und begreifen, wo etwas falschläuft und wie es verbessert werden kann. Diese Rolle zählt für uns zu den zentralen Aufgaben des Trainers und der Headcoaches, also der Eltern.

Als Praktiker, der Erfahrungen und messbare Erfolge schon immer als bedeutender erachtete als Theorie, freut es mich dennoch, dass inzwischen auch von der Forschung bestätigt wird, was Trainer schon lange beherzigen:

Talent ist, was wir daraus machen.

Mit den Worten von Nico Kovač: »Als Erstes sind da immer die Arbeit und der Fleiß, und [manchmal] kommt am Ende auch das Glück hinzu. Aber nie andersherum.« Kovač steht für die Trainer der neuen Generation. Schon als junger Spieler war bei ihm klar zu erkennen, dass er Fußball nicht nur spielt, sondern denkt. Erfolg beginnt im Kopf und manchmal mit blutigen Knien, als Kleinster von allen, ohne Tricks, ohne besonderes Talent.

DIE LIEBESERKLÄRUNG

Ihr Herz sieht besser

»Lassen Sie Ihr Kind wissen, was Sie an ihm lieben.«

Die Trainerlegende »König Otto« Rehhagel versteht etwas von Liebe. Mit seiner Frau Beate feierte der ehemalige Bundesligatrainer 2013 die Goldene Hochzeit. Auch auf dem Fußballfeld stimmte über Jahrzehnte das Gefühl. »95 Prozent meiner Spieler merken, dass ich sie liebe«, beschrieb Otto Rehhagel sein Verhältnis zu Spielern wie Mario Basler und Marco Bode. Er war bekannt dafür, hinter seinen Jungs zu stehen, auch hinter denen, die nicht als Musterschüler auffielen, sondern mit Zigaretten und Alkohol.

Trotz markiger Sprüche wie: »Jeder kann sagen, was ich will«, war König Otto ein väterlicher Coach, der seine Spieler liebte und ihnen eine zweite Chance gab, anstatt sie abzustrafen. Heute wird viel Wert auf das Verhältnis zwischen Spielern und Trainern gelegt, denn auch Rehhagels Nachfolger im Trainergeschäft haben verstanden: Die Beziehung zu den Spielern ist entscheidend. Sie muss stimmen.

»Ein Trainer, der seine Spieler nicht liebt, kann kein guter Trainer sein«, sagt beispielsweise Meistercoach Jürgen Klopp.

Die Liebe motiviert wie nichts anderes – den Trainer und die Spieler. Liebe versetzt Berge und Tabellenplätze. Jürgen »Kloppo« Klopp führte damit einst den FSV Mainz 05 in die Bundesliga und Borussia Dortmund an die europäische Spitze. Als Robert Lewandowski im November 2010 in einem Europa-League-Spiel in Paris das entscheidende Tor verpatzte und der BVB vor dem Aus stand, nahm Klopp seinen

Stürmer tröstend in die Arme. Lewandowski bedankte sich, indem er im darauffolgenden Jahr den BVB zum Double schoss.

Auch den FC Liverpool riss Jürgen Klopp mit Gefühlen nach oben, bis ins Champions-League-Finale 2018. Die Krönung dieses Erfolges scheiterte unter anderem an zwei gravierenden Torwartfehlern von Loris Karius. Und was sagte Klopp im anschließenden TV-Interview über seinen Torwart? »Es tut mir total leid für ihn. Er hat eine tolle Saison gespielt. Es ist eine Fehlentscheidung in einer Millisekunde.« Der Trainer war stolz auf seine Mannschaft, auf jeden Einzelnen.

Je schwieriger die Situation, umso mehr Liebe fordert sie. Das gilt auch in der Erziehung.

Hoffenheims Trainer Julian Nagelsmann drückt die Liebe zu seinen Spielern auf seine Art aus. In seinem Büro serviert er Süßigkeiten, und die Musik wummert. Seine Spieler sollen gerne zu ihm kommen. Auch er sieht sich in einer väterlichen Rolle, trotz seiner jungen Jahre. Seine Zuneigung scheut auch vor komplizierteren Charakteren nicht zurück. »Wenn du Typen auf dem Feld hast, dann ecken die einfach mal an, und man darf das nicht alles kleinmachen.« Er empfiehlt Großzügigkeit: »Man muss auch mal über irgendwas hinwegschauen und mit einem Zwinkern sagen, dass man es gar nicht wahrgenommen hat. Einfach, um es auch laufen zu lassen.« Seiner Meinung nach profitieren Trainer speziell von der Arbeit mit Spielern, die nicht stromlinienförmig sind. Indem er sich auf ihre Stärken konzentriert, stärkt Julian Nagelsmann auch die Beziehung zu ihnen.

Gute Trainer praktizieren, was Erziehungswissenschaftler bestätigen: Erziehung ist Beziehung.

Trainer erreichen ihre Spieler nur dann wirklich, wenn die zwischenmenschliche Ebene stimmt, das Vertrauensverhältnis, die Wertschätzung, das Gefühl. Wenn das Herz ins Spiel kommt, läuft es auf dem Fußballplatz rund. Nur dann sind Spieler bereit, die Ratschläge von Trainern anzunehmen und ihre Ideen umzusetzen. Wir Menschen wollen geliebt werden, unabhängig von unserem Alter, unserer Position und unseren Leistungen. Liebe ist unser Kraftstoff. Menschen, die in der Entwicklung stecken oder öffentlich Fußball spielen, brauchen davon besonders viel.

Unsere Kinder brauchen Liebe. Wir Trainer auch.

Im Gegensatz zur abgedroschenen Phrase macht Liebe nicht blind, sondern sie öffnet uns die Augen für das Wesentliche. Nur wenn Liebe unsere Wahrnehmung als Headcoach lenkt, sehen wir klar. So wie Otto Rehhagel, der in Mario Basler den großartigen Fußballer sah, nicht den rauchenden Partylöwen. So wie Julian Nagelsmann, der Sandro Wagner als »außergewöhnlich tollen Menschen« wahrgenommen hat und nicht als Diva auf dem Feld.

Erfolgreiche Trainer schreiben für ihre Spieler »Liebeserklärungen«.

Das sind Listen, auf denen sie die Stärken ihrer Schützlinge sammeln. Diese Listen helfen ihnen, auch in Krisensituationen fokussiert zu bleiben und konstruktiv zu handeln. Die Liebeserklärungen verbessern die Beziehungen zwischen Trainer und Spielern. Selbst wenn sie geheimgehalten werden, beeinflussen sie die Stimmung und die Wahrnehmung nachhaltig.

Jetzt ist es an Ihnen, eine Liebeserklärung zu schreiben. Nehmen Sie sich vorher einen Moment, um darüber nachzudenken, wie Sie Ihr Kind wahrnehmen. Mit bedingungsloser Liebe oder anspruchsvollen Erwartungen, die in strenge Urteile münden? Tauchen vor Ihrem inneren Auge zuerst die Fähigkeiten Ihres Kindes auf oder seine Fehler? Steigt Frust und Ärger beim Gedanken an Ihr Familienleben hoch oder Freude und Dankbarkeit? Sicher, der Alltag kitzelt nicht in jedem Augenblick die besten Seiten von Kindern und Eltern heraus. Zu wenig Zeit, zu viel Druck. Die toxische Mischung für alle, die es im Grunde nur gut machen wollen. Besonders in der Kindererziehung.

Gerade für engagierte, gestresste, wohlmeinende Eltern ist es wichtig, den Blick immer wieder bewusst auf das Positive zu lenken, sonst leiden am Ende die, für die wir uns so anstrengen: unsere Kinder.

Beginnen wir also sofort mit dem Gegenprogramm. Es ist eine erste Trainingseinheit für Eltern. Es ist eine Liebeserklärung an Ihr Kind.

Diese Seite haben wir für Sie reserviert. Bitte nehmen Sie sich einen Stift und vervollständigen Sie dort spontan folgenden Satz: Ich liebe an meinem Kind …

1. ....
2. ....
3. ....
4. ....
5. ....
6. ....
7. ....
8. ....
9. ....
10. ....
11. ....

So, wie Sie Ihr Kind sehen, sieht Ihr Kind sich selbst. Sein Blick folgt dem Ihren. Vertrauensvoll und bedingungslos, vom Babyalter bis zur Pubertät.

Darum ist es existenziell für die Psyche von Kindern, dass ihre Stärken und ihr Potenzial erkannt werden. Als Mutter und Vater zeichnen Sie das Selbstbild Ihres Kindes vor und damit auch sein Selbstvertrauen. Das ist eine der wichtigsten Erkenntnisse der Entwicklungspsychologie. Als besonders prägend haben sich die ersten Lebensjahre erwiesen, doch auch später beeinflussen der elterliche Blick und die elterlichen Urteile wesentlich, wie sich Kinder selbst einschätzen.

Lassen Sie Ihr Kind deshalb unbedingt wissen, was Sie an ihm lieben.

DAS FUSSBALLWUNDER

Keine Angst vor großen Zielen

»Die 11 Freunde können Wunder bewirken.«

In Deutschland kicken rund 3 Millionen Fußballer in 170 000 Mannschaften, doch nur 1500 von ihnen verdienen mit dem Sport genug Geld, um davon zu leben. Trotzdem stehen jeden Tag Jungs mit dem großen Traum auf, Fußballprofi zu werden. Der Bayern- und Nationalspieler Joshua Kimmich war einer von ihnen.

Sein Beispiel beweist: Wir sollten unsere Kinder nicht vor ihren großen Träumen warnen, sondern sie ermutigen, ihnen zu folgen. Die Sehnsucht und der Drang nach Selbstverwirklichung sind schon in unseren Genen angelegt. Kinder wollen wachsen! Wir alle wollen wachsen und unsere Möglichkeiten ausschöpfen. Wir suchen unsere Talente, unsere Bestimmung und unseren ganz persönlichen Weg. Wegweisende Psychologen wie der Amerikaner Carl Rogers sehen in diesem leidenschaftlichen Streben nach Selbstverwirklichung ein Grundmotiv menschlichen Verhaltens. Die Pädagogin Maria Montessori richtete ihre Erziehungsgrundsätze an diesem inneren Antrieb aus. Denn: Kinder haben eine angeborene Lernmotivation. Sie wollen die Welt erfahren, sie wollen herausfinden, was in ihnen steckt, und sich entfalten. Es ist unsere Aufgabe als Eltern und Trainer, sie dabei zu unterstützen.

Menschen haben eine Verpflichtung und ein Anrecht darauf, ihre Bestimmung herauszufinden.

Ich bin überzeugt: Jeder hat eine besondere Begabung, die er für sich und für andere nutzen sollte. Ich gehe sogar noch weiter:

Selbstverwirklichung kann die Antwort auf die Frage nach dem Sinn des Lebens sein.

Doch große Träume benötigen Tatkraft und haben nur selten freie Fahrt. Sie verlangen vollen Einsatz. Hindernisse wollen überwunden und Herausforderungen bestanden werden. Die Sehnsucht und der Wille, seine eigenen Talente und Fähigkeiten zu verwirklichen, bedürfen einer starken Mentalität und eines positiven Umfelds.

Je jünger der Mensch, umso entscheidender die Einflüsse. Doch während in den USA Kinder von klein auf ermutigt werden, groß zu denken und ihren Träumen zu folgen, werden Jungs und Mädchen hierzulande zu Bescheidenheit und Vorsicht gemahnt. Träume werden als Hirngespinste abgetan und großen Ideen und Zielen werden stets Einwände entgegengesetzt. Unter solchen Bedingungen braucht es eine riesige Portion *Selbstvertrauen*, *Tatkraft* und Optimismus, um Träume ernst zu nehmen und ihnen zu folgen.

In Deutschland gibt es nur einen Bereich, in dem traditionell groß und visionär gedacht wird: Fußball! Auf dem Spielfeld und auf den Zuschauertribünen zweifelt niemand daran, dass Wunder möglich sind. Schließlich geschehen sie dort immer wieder und vor allen Augen. Fußballer zeigen auf einem kleinen Feld, was auch außerhalb der Seitenlinien machbar ist: Träume zu leben. Fußballer beweisen, welche Wunder *Selbstvertrauen, Ziele, Teamgeist, Spielfreude* und der Rest der 11 Freunde bewirken können.

Gute Trainer ermutigen ihre Spieler deshalb, groß zu denken und alles aus sich herauszuholen.

Bei Joshua Kimmich übernahmen diese Aufgabe seine Eltern und der DFB-Stützpunktkoordinator Thomas Sinz. Letzterer begleitete ihn vom 11. bis zum 15. Lebensjahr und erlebte den späteren Bayern-Spieler als »extrem ehrgeizig, zielstrebig, selbstbewusst und trotzdem immer hilfsbereit und bodenständig.«

Wem es gelingt, dieses mutige, positive Denken vom Fußballfeld aufs Leben zu übertragen, der traut sich zu, was ohnehin in ihm steckt. Wir wissen: Unsere Träume sind die Vorboten unserer Fähigkeiten.

Schenken Sie Ihren Kindern den Mut, diese zu verwirklichen. Motivieren Sie Ihre Töchter und Söhne dazu, ihrer Begeisterung zu folgen und ihre Fähigkeiten zu entfalten. Egal, auf welchem Gebiet. Lassen Sie Ihr Kind Dinge spielerisch ausprobieren, hören Sie gut zu und beobachten Sie genau.

Bei welchen Themen oder Tätigkeiten strahlen die Augen Ihres Kindes? Wofür interessiert es sich?

Das kann ein besonders starkes Interesse für eine bestimmte Sache sein oder viele verschiedene Interessen, und natürlich können sich diese im Laufe der Kindheit ändern. Wichtig ist, dass wir unsere Kinder ermutigen, ihrer Begeisterung zu folgen und auf ihr Herz zu hören. Bessere Wegweiser gibt es nicht, und es ist völlig in Ordnung, zwischendurch den Weg zu wechseln und verschiedene Möglichkeiten zu erkunden.

Die 11 Freunde, vom *Selbstvertrauen* bis zur *Spielfreude*, sind Lernhelfer, Beschützer, Mutmacher und vieles mehr. Sie sind die beste Startelf fürs Leben und die ideale Voraussetzung, um über sich selbst hinauszuwachsen. Sie sind Entwicklungshelfer in Sachen Selbstverwirklichung.

DIE SPIELZEIT

Selbstverwirklichung für Fortgeschrittene

»Jeder kann jederzeit sein Glück machen.«

Wir alle kommen mit einem großem Potenzial und vielen Fähigkeiten auf die Welt. Ich beschreibe sie gerne als Samen, die darauf warten, zu wachsen und zu blühen. Als entscheidend erweist sich, welche gegossen, gehegt und gepflegt werden.

Viele Eltern glauben, dass es zu spät für Erwachsene wie sie ist. Sie glauben, ihre Talente wären längst verkümmert. Ich widerspreche aus tiefster Überzeugung und aus jahrzehntelanger Erfahrung.

Die Zeit ist immer jetzt!

Vernachlässigte Talente und Träume brauchen in späteren Lebensjahren mehr Wasser, Sonne, Pflege und Dünger als in unserer Jugend. Andererseits haben Erwachsene schon einiges an Erfahrungen und Lebensweisheit gesammelt. Ihre Handlungs- und Entscheidungsfreiheit erlaubt es ihnen, die Richtung zu wechseln oder zu neuen Ufern aufzubrechen.

Dabei helfen zuverlässig die 11 Freunde. Bessere Begleiter gibt es nicht auf dem Weg zur Selbstverwirklichung, ganz unabhängig vom Alter.

Das eigene Glück zu finden, ist ein lebenslanger Prozess und eine lebenslange Chance. Jeder von uns kann jederzeit sein Glück machen, solange wir im Spiel sind – und das Spiel des Lebens endet erst mit unserem letzten Atemzug.

DER AUFSTIEGSPLATZ

Sport ist Bildung

»Fußball trainiert fürs Leben.«

Sport ist ein Lernfeld, und für viele Jungs und Mädchen bedeutet Fußball das Abenteuer ihres jungen Lebens. Gemeinsam Woche für Woche auf einem anderen Feld zu bestehen, gemeinsam zu gewinnen und gemeinsam zu verlieren. Gemeinsam zu wachsen. Fußball gibt Kindern viel von dem, was sie brauchen. Insbesondere Gemeinschaftsgefühl und Herausforderungen.

Im Allgemeinen lehrt Teamsport soziale Kompetenzen wie *Respekt* und *Teamfähigkeit*. Er vermittelt die Erfolgsfaktoren: *Selbstvertrauen, Ziele, Tatkraft* und *Disziplin*. Er ermutigt junge Menschen, Verantwortung zu übernehmen, für sich selbst und ihre Teammitglieder. Er lehrt, mit Niederlagen umzugehen und Siege anständig zu feiern.

Gerade in Zeiten, in denen Fernsehen, Computer und Smartphone mit unzähligen Programmen locken, erweisen sich Teamsportarten wie Fußball als ideale Alternative. Auch der junge Rücken profitiert davon, den die langen Schulvormittage und das Sitzen vor dem PC zuhause belasten.

Sport beugt Übergewicht und seinen Folgen vor. Herz und Kreislauf profitieren von Training, und Kondition baut sich auf. Sport bringt Kinder nach draußen, an die frische Luft. Gerade Fußball stärkt die Abwehrkräfte, weil bei Wind und Wetter im Freien trainiert wird. Jungs und Mädchen, die viel Sport treiben, sind seltener krank. Obendrein bestätigen Studien, dass sportliche Jugendliche häufiger Nichtraucher bleiben.

Sport schützt die Seele.

Er hilft Schulstress abzubauen und Druck zu verarbeiten. Er lässt unsere Kinder den Alltag und ihre Probleme für die Zeit des Spiels vergessen. Sport verschafft der Psyche Pausen und ein Ventil.

Das kommt unseren Kindern insbesondere in der Pubertät zugute. So lernen sie, ihre Emotionen zu kanalisieren und zu kontrollieren.

Teamsport schafft Freundschaften.

Besser als jede graue Theorie vermittelt Teamsport: Gemeinsam können Menschen mehr erreichen als allein. Jede Position ist wichtig. Das berühmte Fußball-Sprichwort »11 Freunde sollt ihr sein« bestätigt sich auf dem Rasen. Junge Fußballer lernen fair zu spielen und entwickeln sich zu echten Teamplayern.

Sport ermöglicht unseren Kindern, ihre Möglichkeiten kennenzulernen und ihre Grenzen zu testen. Fußball bietet Freiraum und gleichzeitig Sicherheit durch klare Regeln und Strukturen.

Teamsport macht glücklich.

Er lässt Kinder spüren, was sie können. Er ermöglicht es ihnen, Teil eines Teams zu sein. Er gibt Sicherheit durch klare Regeln und Strukturen. Er gibt ihrem Bewegungsdrang Raum und kommt ihrem Bedürfnis entgegen, die eigenen Fähigkeiten zu messen. Er begeistert Kinder und schafft wunderbare Kindheitserinnerungen. Er fördert ihr Selbstvertrauen.

Sport macht schlau, stark, fit und hält gesund. Er schützt die Seele und schafft Freundschaften. Er erzieht und stellt die 11 Freunde auf. Er stärkt die Mentalität und lässt so Persönlichkeiten wachsen. Fußball im Besonderen verbindet Nationen, Kulturen und Generationen. Er schafft ein großes Wir, in dem jeder Einzelne zählt. Das ist die Kernbotschaft des Fußballs und einer jeder Teamsportart. Es ist eine Botschaft fürs Leben.

DER COACHING-STIL

Gehen Sie in Führung!

»Erfolgreiches Coaching setzt Autorität voraus.«

Wir haben unsere Spieler beobachtet, unsere Rolle als Trainerteam reflektiert und die Rahmenbedingungen für unser Training besprochen. Wir haben für Selbstverwirklichung plädiert. Wir haben die Macht der Mentalität kennengelernt und von den 11 Freunden erfahren, aus denen sich das Team Mentalität zusammensetzt. Wir haben unsere Ideen, Gedanken und Überzeugungen zu Ihnen, liebe Eltern, gepasst und hoffen, Sie können die Punkte für sich und Ihre Familie verbuchen. Somit haben wir einen guten Start hingelegt und uns exzellent vorbereitet. In der entscheidenden Spielphase stellen wir später die 11 Freunde auf. Zuvor sollten Sie sich als Headcoach aber Gedanken machen und entscheiden: Welchen Führungsstil wollen Sie verkörpern?

Der kontrollierte Pep Guardiola, der leidenschaftliche Jürgen Klopp, der freundschaftliche Niko Kovač, der weiche Carlo Ancelotti, der wertetreue Bruno Labbadia, der rigorose José Mourinho und der fanatische Diego Simeone, mit seinem Hang zu Ausrastern: Im internationalen Fußball finden sich die vielfältigsten Rollenmodelle. Am Ende verbucht jedoch ein eher lässiger Carlo Ancelotti ähnlich viele Champions-League-Siege wie ein korrekter Pep Guardiola. Ein Erfolgsrezept scheint es also nicht zu geben, oder doch?

In der Vergangenheit war diese Frage schnell beantwortet: Auf den Fußballplätzen herrschte der autoritäre Stil vor, ebenso wie in den meisten Familien. Einer brüllte die Kommandos, die anderen mussten gehorchen. Der ehemalige Fortuna-Köln-Trainer Hannes Linßen schickte Spieler unter die Dusche, wenn sie es in der Halbzeitpause wagten, ungefragt Kommentare abzugeben. Und Felix Magath verdiente sich als Trainer mit harten Sanktionen den Spitznamen »Quälix«, bis ihn der VFL Wolfsburg entließ und die Ära der harten Hunde mit absolutem Autoritätsanspruch beendete.

Zum Glück sind die Zeiten vorbei, in denen Trainer und Eltern hauptsächlich mit Befehlen, Drohungen, Kontrolle und Strafen arbeiteten, Widerspruch nicht geduldet wurde und Erklärungen nicht gegeben. Die negativen Folgen dieses autoritären Führungsstils sind längst belegt: Er zerstört das Selbstwertgefühl und das Selbstvertrauen der Kinder bzw. Spieler, er erstickt ihre eigene Motivation und ihre Kreativität und führt schnell zu Frust. Auch der Teamgeist leidet, wenn die Trainer mit aggressivem Verhalten gegenüber Schwächeren ein schlechtes Vorbild abgeben.

Erfolgreiches Coaching setzt Autorität zwar voraus. Notwendig ist jedoch eine wohlmeinende, konstruktive Autorität. Diese berauscht sich nicht an der eigenen Macht, sondern hat die gesunde Entwicklung des Kindes im Sinn. Konstruktive Autorität fördert die Persönlichkeit und die Gemeinschaft. Sie basiert auf einem Vorsprung an Wissen und Erfahrung. Ihren Führungsanspruch gewinnt sie aus tatsächlicher Überlegenheit, aus dem Naturgesetz, dass Eltern ihren Nachwuchs anleiten und nicht umgekehrt. Im Fußball entsteht echte Autorität durch die Persönlichkeit eines Trainers, durch seine Kompetenz, seine Ziele und durch die Erfolge, die er vorweisen kann. Instinktiv suchen Kinder – und auch erwachsene Spieler – diese Art der Autorität und Führung. Ihr folgen sie freiwillig, mutig und tatkräftig.

Augsburgs Trainer, Manuel Baum, beschreibt den feinen Unterschied: **»Ich setze nicht meine Amtsautorität ein, um meinen Spielern etwas beizubringen. Ich vertraue meiner natürlichen Autorität.«**

Seine Verantwortung übt er anspruchsvoll und fordernd aus, setzt klare Regeln und pocht auf Standards, aber nie ist er nur aus Prinzip streng. Als ehemaliger Realschullehrer weiß Manuel Baum, dass echte Autorität individuell reagiert. »Der eine braucht eine harte Ansprache, der andere eine sanftere. Einem muss ich die Inhalte erklären, für den anderen muss ich sie auf dem Platz nachstellen.«

Es ist wichtig, sinnvolle Antworten zu geben, anstatt zu bestimmen, »weil ich es so will!«. Gute Trainer verbreiten Einsicht, Akzeptanz, Achtung, Vertrauen und Wärme. Sie geben ihren Schützlingen das Gefühl, gehört zu werden und trotzdem geborgen zu sein.

Wie können wir Eltern diese positive Autorität aufbauen und flexibel handhaben?

Indem wir uns auf das besinnen, was wir bereits in unserer Trainingshosentasche haben: unsere große Elternliebe, unsere Beobachtungsgabe, einen bedeutenden Erfahrungsvorsprung, unser *Verantwortungsbewusstsein* und das Ziel, unsere Kinder zu lebenstüchtigen, glücklichen und erfolgreichen Menschen zu erziehen. Bei dem Rest helfen uns die 11 Freunde. Sie stärken uns den Rücken und unsere Autorität. Die 11 besten Freunde unserer Kinder sind auch unsere besten Freunde. Sie helfen uns, einen guten Führungsstil zu entwickeln und ihn auch in schwierigen Momenten beizubehalten. Zur Erinnerung: Unsere 11 Freunde heißen *Selbstvertrauen, Ziele, Tatkraft, Disziplin, Teamgeist, Dankbarkeit, Bildung, Verantwortung, Respekt, Kreabilität* und *Spielfreude.*

Unsere Vorsätze mögen noch so gut sein und unser Führungsstil grundsätzlich ideal, aber speziell in Stresssituationen neigen wir gelegentlich zu autoritären Verhaltensweisen und untergraben damit paradoxerweise, was wir eigentlich verdeutlichen wollen: unsere eigene Autorität.

Stress sabotiert die besten Vorsätze.

Wir befehlen, beleidigen, drohen und bestrafen, weil wir uns nicht anders zu helfen wissen und unsere guten Freunde Disziplin, Respekt und Verantwortung nicht auf den vorgesehenen Positionen spielen. In diese Ausnahmesituationen können wir alle geraten, aber sie dürfen niemals zur Regel werden. Ein negativer Führungsstil hat negative Folgen: Er schadet der Beziehung zu unseren Kindern und vergiftet die Stimmung in der Familie.

Fazit: Der autoritäre, selbstgerechte Führungsstil hat sich seinen Platzverweis verdient.

Das Gegenteil, die antiautoritäre Erziehung, übrigens auch. Wenn Kinder ohne Grenzen und Regeln aufwachsen, fehlt ihnen die Orientierung und sie drohen, in unserer reizüberfluteten Welt verloren zu gehen. Wer zudem von Kindesbeinen an lernt, sich nur nach den eigenen Bedürfnissen auszurichten, entwickelt sich zum ausgewachsenen Egoisten. Anti-autoritäre Erziehung stellt eine Form von Vernachlässigung dar, deren Befürworter längst von der modernen Erziehungswissenschaft überholt wurden. Es besteht heute kein Zweifel mehr: Kinder profitieren von klaren, nachvollziehbaren Standards und Regeln. Grenzen geben Sicherheit und gewährleisten einen altersgerechten Entwicklungsraum. In diesem Entwicklungsraum wollen Kinder gefordert werden. Hohe, aber zugleich realistische Leistungserwartungen begünstigen die Entwicklung von jungen Menschen. Auf den Fußballplätzen und in Schulklassen zeigt sich deutlich, dass Trainer und Lehrer, die hohe Ansprüche verkörpern und ihre Verantwortung entschieden übernehmen, respektierter und beliebter sind als Kollegen, die Kinder nach Lust und Laune gewähren lassen und damit vor allem eines erreichen: den Ruf eines Waschlappens.

Im folgenden Kapitel zeigen wir Ihnen deshalb, wie Sie Ihren Führungsstil entwickeln können. Diese Coaching-Punkte machen Trainer zu guten Trainern und gute Trainer zu noch besseren. Es sind Wegweiser für ein vorbildliches Führungsverhalten. Wer sie beherzigt, schafft eine positive Lernatmosphäre und fördert eine respektvolle, konstruktive Beziehung zwischen Coach und Spieler.

Selbst Schiedsrichter, die unantastbare Autorität auf dem Platz, werden inzwischen von der Fifa und dem Deutschen Fußball-Bund dazu angehalten, auf aggressive Gestik und Machtdemonstrationen zu verzichten. Sie sollen ihre Körperhaltung und ihre Kompetenz für sich sprechen lassen. Deeskalation statt Machtdemonstration lautet die Devise. Wahre Autorität kommt von innen. Sie wächst dort, wo auch die Mentalität entsteht.

Menschen mit einer starken Mentalität sind Menschen mit einer starken Autorität.

Sollte Ihre Autorität trotzdem einmal wackeln, dann denken Sie an Thomas Tuchel. Auf die Frage, in welchen Situationen er auf der Hut ist, seine Autorität nicht zu verlieren, antwortete er: »Ständig. Wir nehmen aber im Trainerteam für uns in Anspruch, dass wir am meisten über das Spiel wissen.« So ist es!

Letztendlich bestimmen nicht die äußeren, leicht ersichtlichen Charaktereigenschaften eines Pep Guardiola, Jürgen Klopp, Thomas Tuchel oder José Mourinho über deren Autorität, sondern ihre innere Haltung, ihr Selbstvertrauen und ihre Kompetenz. Ebenso wie ihre *Tatkraft*, ihre *Disziplin*, ihr *Teamgeist*, ihr *Respekt*, ihre *Dankbarkeit*, ihre *Kreabilität* und ihre *Spielfreude*. Die wichtigsten Spieler der Trainer stehen nicht auf dem Platz: Es sind die 11 Freunde, die Eltern und Trainer in die Führungsposition bringen.

Worauf gute Trainer achten und wovon Eltern profitieren

»Da sein, hinhören, einfühlen, verstehen, annehmen, vertrauen.«

Als Chefausbilder beim Deutschen Fußball-Bund verantwortete Frank Wormuth die Ausbildung der Fußballlehrer, bis er 2018 entschied, selbst wieder als Coach aktiv zu werden. Die anspruchsvolle, psychologische Arbeit mit den Spielern fehlte ihm.

»Ein guter Trainer muss sich hinterfragen: Passt mein Verhalten zur Situation, zur Mannschaft, zum Spieler? Die Sozialkompetenz muss mindestens so ausgeprägt sein wie die Fachkompetenz.«

Der langjährige Trainer der Trainer bringt es auf den Punkt. Gute Trainer wissen: Ihre Einstellung und ihr persönliches Verhalten bestimmen darüber, wie viel sie bei ihren Spielern bewirken können.

Bevor wir uns jedoch mit der Wirkung befassen, sollten wir wissen, worauf Trainer im Umgang mit ihren Spielern konkret achten. Das hilft auch uns Eltern weiter.

Jedes Kind ist einzigartig. Nehmen Sie es an, wie es ist.

Ihre Schützlinge zu akzeptieren und zu respektieren, ist das grundlegend Beste, was Trainer leisten können. Denn erst, wenn sich ein Spieler angenommen und respektiert fühlt, lässt er sich tatsächlich nachhaltig fördern und führen. Dieses Prinzip greift auch zuhause.

Erfolgreiches Training ist immer individuell. Gleiches gilt für die Erziehung.

Ausgangspunkt sind stets die aktuellen Fähigkeiten sowie das Potenzial des Kindes. Wir müssen wissen, wo das Kind gerade steht und welche Herausforderungen es braucht.

Seien Sie aufmerksam. Seien Sie präsent. Seien Sie in jedem Moment voll da.

Kinder und Jugendliche spüren genau, ob wir ihnen echtes Interesse schenken oder dieses nur vortäuschen, während wir im Kopf ganz woanders sind oder verstohlen auf unser Smartphone blicken. Zusätzlich können wir unsere beste Leistung als Mutter oder Vater nur dann abrufen, wenn wir mit allen Sinnen präsent sind und nicht nur körperlich anwesend. Einfach ausgedrückt: Wir müssen voll da sein. Erst dann können wir von unseren Kindern Aufmerksamkeit erwarten. Das Motto: Der bedeutendste Moment ist immer jetzt. Seien Sie da!

Hören Sie genau zu.

Sie sind der Headcoach. Sie machen die Ansagen. Aber können Sie auch zuhören? Das heißt: Lauschen Sie den Worten Ihrer Kinder oder wiegeln Sie schnell ab? Fragen Sie nach, wenn Sie nicht sicher sind, ob die Botschaft richtig bei Ihnen angekommen ist? Sind Sie gut genug im Decodieren von Wutgebrüll, leisen Tönen und komplizierten Umschreibungen? Versuchen Sie herauszuhören, was Ihr Kind wirklich sagen will, oder sind Sie zu sehr damit beschäftigt, Ihre eigenen Gedanken in das Gesagte hineinzuinterpretieren?

Richtig zuhören ist ein aktiver Vorgang, der auch die Wahrnehmung von Tonlage und Körpersprache umfasst. Diese Kunst sollten gute Trainer beherrschen, denn wahres Hinhören stärkt die zwischenmenschliche Beziehung und das Vertrauensverhältnis.

Jeder Mensch will gehört und verstanden werden. Berücksichtigen wir dieses Bedürfnis, öffnen auch unsere Kinder ihre Ohren für unsere Botschaften.

Unsere Kinder übernehmen die Kunst des Zuhörens von uns. Sie lernen von uns, aufmerksam zu sein und den eigenen inneren Dialog abzustellen. Mit der eigenen Körperhaltung zu signalisieren, wohin sich die eigene Aufmerksamkeit richtet. Ein guter Zuhörer wendet sich seinem Gegenüber buchstäblich zu und achtet gleichzeitig auf die

Haltung des anderen sowie auf die Tonlage des Gesagten. Er fragt interessiert nach und ermutigt, beispielsweise durch Kopfnicken, weiterzureden. Kommunikation ist komplex, deshalb werden wir auf ihre Prinzipien in einem gesonderten Kapitel zurückkommen.

Fühlen Sie sich ein. Versuchen Sie, alles zu verstehen.

Gute Trainer haben ein offenes Ohr und viel Gefühl. Sie sind in der Lage und bereit, sich in andere hineinzuversetzen und deren Gedanken, Empfindungen und Motive zu verstehen. Diese Fähigkeit zur Empathie spielt im modernen Coaching, in der Pädagogik, im Marketing und im Management eine fundamentale Rolle. Nur wer weiß, was andere bewegt, kann andere bewegen.

Wir Menschen haben empfindliche Antennen. Kinder ganz besonders.

Sie spüren genau, ob ihre Trainer aufmerksam sind, hinhören und sie verstehen. Geniale Jugendtrainer, wie der legendäre Norbert Elgert von FC Schalke 04, strahlen aus, was sie geben: die grundsätzliche Akzeptanz des Spielers und die Berücksichtigung seiner Perspektive.

Schenken Sie Ihrem Kind Vertrauen.

»Das Wichtigste, das du einer Mannschaft bzw. einem Spieler geben kannst, ist Vertrauen«, sagt Jupp Heynckes. Vertrauen stärkt – und schafft immer neues Vertrauen, wie der sprichwörtliche Widerhall auf den Ruf hinein in den Wald. »Er vertraut uns, wir vertrauen ihm«, erklärte Spieler Toni Kroos das System Heynckes. Ein Headcoach, der an seine Spieler glaubt, schafft die Basis für gute Entwicklungsarbeit. Vertrauen verbindet, mindert Ängste und schürt Optimismus.

Für Trainer und Eltern bedeutet das: die Führung übernehmen, positive Autorität leben, Haltung zeigen, zuverlässig sein, authentisch auftreten, konsequent agieren, die Spieler fördern und schützen und, nicht zuletzt, ihnen Vertrauen schenken.

Fordern Sie Ihr Kind heraus.

Spieler wachsen an ihren Aufgaben. Trainer lassen ihre besten Jungs und Mädchen deshalb oft in einer höheren Altersklasse spielen. Sie wissen genau, wem sie diese Herausforderung und Entwicklungsmöglichkeit zutrauen können ebenso wie die Möglichkeit, zu scheitern und wieder aufzustehen. Diese Erfahrung dürfen heute nicht mehr alle Kinder machen, weil eine wachsende Zahl von Eltern angestrengt versucht, ihrem Nachwuchs jede noch so kleine Enttäuschung und Niederlage zu ersparen.

Kinderpsychologen wie der Harvard-Dozent Dan Kindlon sprechen hier von einem »zu viel des Guten« und beklagen, dass überbehütete junge Menschen kein »mentales Immunsystem« aufbauen können.

Stimmt die Mentalität, lernen wir auch aus Niederlagen.

Entscheidend ist, dass Trainer die richtigen Erkenntnisse ziehen und gegebenenfalls Anstrengungen unabhängig vom Ergebnis anerkennen. Dies ist insbesondere bei Kindern wichtig.

Erkennen Sie Leistungen trotz einer Niederlage an.

Ihr Kind strengt sich an, aber das Ergebnis ist trotzdem anders als erwartet? Es hat sich mutig Richtung Tor gespielt, aber der Schuss ging daneben? Es hat für die Matheprobe gelernt, aber auf der Arbeit steht dennoch eine Fünf? Sie können Ihrem Kind helfen, auch von negativen Ergebnissen zu profitieren. Versichern Sie Ihrem Kind, dass seine Niederlage nichts an Ihrer Liebe und Ihrem Vertrauen ändert. Schenken Sie Ihrem Sohn und Ihrer Tochter die Sicherheit, unter allen Umständen von Ihnen geliebt zu werden. Nehmen Sie Ihr Kind in den Arm. Lassen Sie zu, dass es wütend und enttäuscht ist. Zeigen Sie Verständnis. Anschließend können Sie mit der Aufbauarbeit beginnen. Erinnern Sie Ihr Kind an vergangene Erfolge und an seine Stärken! Streichen Sie positive Entwicklungen heraus! Loben Sie den Mut und Einsatz Ihres Kindes! Rücken Sie die Niederlage ins richtige Verhältnis. Im Vergleich zu den Dingen, die letztendlich wirklich zählen, ist jedes verlorene Spiel und jede Note weniger bedeutend. Suchen Sie gemeinsam nach Strategien, wie Ihr Kind aus dieser Niederlage lernen kann.

Achten Sie dabei darauf, dass Ihr Kind möglichst selbst Lösungen entwickelt. Sie können ihm dabei mit gezielten Fragen helfen. Und dann machen Sie sich zusammen eine gute Zeit und erinnern sich daran, dass jeden Morgen die Sonne aufgeht und am Ende eines Tunnels immer Licht ist. So einfach diese Lebensweisheiten klingen mögen, so wahr sind sie.

Helfen Sie Kindern, Niederlagen in Chancen zu verwandeln.

Niederlagen sind die idealen Vorlagen für Entwicklungssprünge. Achten Sie dabei darauf, dass die Niederlage nicht am Selbstvertrauen des Kindes kratzt, sondern sich das Bewusstsein entwickelt: Es gibt immer einen Weg. Niederlagen gehören zum Entwicklungsprozess. Wer etwas erreichen will, geht damit auch das Risiko ein, zu versagen. Niederlagen zeigen uns deutlich, wo Lernbedarf besteht. Nach dem verlorenen Testspiel vor der WM 2018 gegen Österreich sagte Bundestrainer Joachim Löw: »Einen Schuss vor den Bug zu bekommen ist gut, wenn wir die richtigen Schlüsse ziehen.« Eine Niederlage schenkt uns Erkenntnisse. Nehmen wir sie dankbar an.

Bestärken Sie Kinder durch Lob und Anerkennung.

Loben bedeutet: das Lernen stärken und das Selbstvertrauen fördern. Es gibt etwas zu loben? Nur zu! Aber richtig: Loben Sie konkrete Leistungen, keine allgemeinen Eigenschaften. Achten Sie darauf, Ihr Lob zu dosieren, damit es sich nicht zur Dauerberieselung entwickelt. Loben Sie ehrlich und realistisch. Übertriebenes oder unangebrachtes Lob macht Kinder misstrauisch. Loben Sie altersgerecht und individuell. Unsichere Kinder brauchen mehr Lob als selbstsichere. Vermeiden Sie vergleichendes Lob. Loben Sie nicht allein das Ergebnis, sondern den Lösungsweg und die Anstrengung.

Reglementieren Sie nicht permanent. Schaffen Sie Freiräume für die Kinder.

Zum Fußballtraining gehören Regeln, Ansagen und Übungen. Doch genauso bedeutend ist das Wort »Spiel« im Fußballspiel. Geben Sie diesem Spiel Raum. Sorgen Sie dafür, dass Kinder genug Gelegenheit haben, nach Lust und Laune zu toben. Kinder brauchen Freiräume, nicht nur auf dem Fußballplatz. Umso mehr, als ihr Alltag immer weniger Freiräume bietet.

Seit einigen Jahren beobachten wir das Phänomen der »Helikopter-Eltern«. Das sind die Väter und Mütter, die ihre Kinder morgens zur Schule kutschieren und nachmittags zum Geigenunterricht. Ins Schwimmbad dürfen diese überbehüteten Kinder nur voll bekleidet und mit der modernsten Sicherheitsausrüstung. Wälder und Wiesen zu betreten, ist ihnen untersagt, weil dort wilde Tiere lauern. Diese Eltern meinen es gut. Sie würden für ihr Kind alles tun, nur eines nicht: das Kind eigenständig ins Leben schicken.

Dabei belegt die Forschung, dass Kinder das Gegenteil brauchen, um sich gut zu entwickeln, nämlich Freiräume, so wie ihre Eltern und Großeltern sie noch hatten.

Erfahrenen Coaches fällt es leicht, diese Basics im Alltag umzusetzen.

Für alle anderen empfiehlt es sich, daran zu arbeiten. Wir müssen uns nur immer wieder daran erinnern: da sein, hinhören, einfühlen, verstehen, annehmen, vertrauen, herausfordern, loben. Auf dem Fußballplatz, im Wohnzimmer, bei den Hausaufgaben, überall dort, wo wir mit Kindern unterwegs sind und ihnen etwas fürs Leben mitgeben wollen.

Erkennen und fördern Sie die Persönlichkeiten der Kinder

»Jeder darf sein, wie er ist, solange er dadurch keinem anderen schadet.«

Kinder wollen akzeptiert werden und sehnen sich nach Zugehörigkeit. Sie wollen Teil einer Gruppe sein und doch sie selbst bleiben. Sie wollen sich finden und die anderen dabei nicht verlieren. Indem Trainer die verschiedenen Persönlichkeiten der Kinder anerkennen und ihre Individualität fördern, leisten sie einen wichtigen Beitrag zur Entwicklung ihrer Persönlichkeit. Es sollte selbstverständlich für Trainer sein, Kinder niemals zu demütigen, sich niemals über sie lustig zu machen oder sie vor anderen bloßzustellen. Bewertet werden dürfen allein die Leistung und das Sozialverhalten, niemals die Vorlieben, das Aussehen, die Eigenheiten oder die Fähigkeiten eines Kindes!

In diesem Zusammenhang erinnere ich mich gerne an ein Kind, das als Mädchen geboren wurde, sich aber als Junge definierte. Dieses Kind verwirklichte am Deutschen Fußball Internat seinen Traum. Im Vorfeld gab es Bedenken, schließlich war die Situation für alle neu, aber für uns gab es keine Zweifel: Jeder darf sein, wie er ist, solange er dadurch keinem anderen schadet. Durch diese klare Haltung von Trainern und Pädagogen waren die Standards gesetzt. Dieser Junge wurde als die Persönlichkeit akzeptiert, die er war und sein wollte. So und nicht anders sollte es sein.

Vereinbaren Sie Regeln für das Miteinander und berücksichtigen Sie dabei die Wünsche, Anregungen und Ideen der Kinder.

Im Fachjargon nennt sich das »Partizipation« und bedeutet, dass Kinder und Jugendliche mitreden, mitwirken und mitbestimmen sollen, wenn es um ihre Belange geht. Selbstverständlich entwicklungs- und situationsgerecht, mit dem Ziel, Kinder zu eigenverantwortlichen und gemeinschaftsfähigen Erwachsenen zu erziehen, die demokratisch denken und handeln.

Partizipation macht Trainern und Eltern oft Mühe, und sie kostet Zeit. Junge Menschen, die mitwirken und mitbestimmen dürfen, profitieren aber unbedingt davon: Sie erfahren, dass sie etwas bewirken können und dass ihre Stimme gehört wird. Ihr Selbstvertrauen wächst und die Kooperations- und Kommunikationsfähigkeit entwickelt sich weiter. Durch Partizipation lernen Kinder, die Perspektive zu wechseln und Konflikte zu bewältigen. Und nicht zuletzt identifizieren sich Kinder und Jugendliche eher mit Ideen und Regeln, an denen sie mitwirken durften, wie wir Erwachsene übrigens auch.

Übertragen Sie ihrem Kind regelmäßig kleine, überschaubare Aufgaben.

Menschen wachsen mit ihren Pflichten, Kinder erst recht. Doch während es in vergangenen Generationen normal und notwendig war, Kindern Verantwortung zu übertragen, wird ihnen heute oft auch noch die kleinste Aufgabe erspart. Wie oft habe ich Mütter und Väter erlebt, die ihren Kindern Taschen hinterhertragen, die Stollenschuhe am Spielfeldrand säubern, anstatt ihren Kindern die Bürsten in die Hand zu geben. Wir Eltern haben die Pflicht, uns wie die Erzieher unserer Kinder zu verhalten, nicht wie deren Bedienstete. Sonst werden unsere Kinder selbstsüchtige Erwachsene, die darauf warten, dass andere ihre Jobs erledigen. Unsere Kinder sollten wir altersgerecht in die Aufgaben des Familienlebens einbeziehen und ihnen dadurch vermitteln: Sie gehören dazu, sie sind ein wichtiger Teil des Teams.

Betonen und leben Sie die Leitlinie »Alle helfen sich jederzeit gegenseitig«.

Wir sind ein Team, und als solches leben und handeln wir, auf dem Fußballplatz und zuhause. Unsere Familie bildet dabei unser Kernteam, in dem Kinder vom ersten Tag an erfahren, dass wir Menschen soziale Wesen sind. In der Gemeinschaft erreichen wir mehr. Das Erfolgsrezept von Fußballtrainern und Spitzenmanagern lässt sich deshalb in vier Buchstaben ausdrücken: TEAM. Wo zwei oder mehr zusammenarbeiten, steigen die Erfolgsaussichten enorm, weil sich Stärken potenzieren und Schwächen nivellieren. In einer Gemeinschaft können so ungeahnte Leistungsreserven freigesetzt werden.

Bastian Schweinsteiger lieferte bei der Fußballweltmeisterschaft 2014 den Beweis, als er in Brasilien über seinen verletzten Körper hinauswuchs und bis zum furiosen Finale spielte. »Ein ultimativer Teamplayer«, urteilten damals Medien und Fans, und Bundestrainer Joachim Löw betonte: »Das Team ist heutzutage das Allerwichtigste, um bestehen zu können. Wir sind bei der WM als Einheit aufgetreten, das war der Schlüssel zum Erfolg.«

Als Trainer sind Sie dann am überzeugendsten, wenn Sie sich mit Ihrer Persönlichkeit und Ihren Werten einbringen, wenn Sie sich unverstellt geben und echt sind. Das gelingt, wenn Sie ehrlich zu sich selbst sind – und zu Ihren Spielern. Niemand verlangt Perfektion von Ihnen, es genügt, wenn Sie Ihren Job gut machen. Welcher Trainer wollen Sie sein? Finden Sie heraus, wofür Sie stehen, und stehen Sie dafür gerade.

Seien Sie sich als Trainer Ihrer Vorbildfunktion bewusst.

Das Verhalten des Trainers setzt die Standards für die Spieler. Halten Sie das Niveau hoch, möglichst jederzeit.

Verwenden Sie eine kindgemäße, bildhafte Sprache.

Alles lässt sich einfach und verständlich ausdrücken. An einleuchtenden und nachvollziehbaren Erklärungen lassen sich gute Lehrer erkennen, auch gute Fußballlehrer.

Wählen Sie eine individuelle Ansprache, sowohl zu positiven als auch zu negativen Dingen.

Meiden Sie Verallgemeinerungen. Bleiben Sie im Jetzt und sprechen Sie über die aktuelle Situation, nicht über »immer«, »dauernd« und »schon wieder«. Es geht um den Ball, der in diesem Moment vor

Ihnen liegt. Bleiben Sie dran und behalten Sie dabei die Persönlichkeit des Spielers im Blick! Im Kapitel »Trainersprache« gehen wir genauer auf die Macht der Worte ein.

Agieren Sie nachsichtig, verständnisvoll und geduldig.

Kinder wollen kooperieren. Wenn ein Kind trotzdem Probleme macht, können Sie davon ausgehen, dass dieses Kind Probleme hat und Hilfe braucht. Versuchen Sie, sich in die Position des jungen Spielers hineinzudenken. Achten Sie darauf, dass Sie Ihre Erwartungen nicht zu hoch setzen. Sie arbeiten mit Kindern, nicht mit Profis! Nehmen Sie unerwünschtes Verhalten von Kindern nicht persönlich. Setzen Sie Grenzen und bleiben Sie dabei fair und geduldig. Entwicklungen brauchen mehr Zeit als zweimal 45 Minuten.

Begleiten Sie korrigierend und helfend den Lernprozess.

Erfolgscoach Horst Hrubesch beschreibt treffend, worauf es ankommt: »Wir müssen den Jungs helfen, ihre Träume zu verwirklichen, und ihnen klarmachen, was sie erreichen können. Wir dürfen sie dabei nicht in eine Schablone pressen.«

Analysieren Sie laufend. Erkennen Sie Fehler und Gelungenes, und sprechen Sie mit Ihren Kindern darüber.

Sprechen Sie beides an, aber zur richtigen Zeit. Der Meister der Analyse, Pep Guardiola, achtet auf das richtige Timing, und sein Co-Trainer Domènec Torrent beschreibt es: »In schlechten Momenten sollte man nie schimpfen, das spart man sich für die guten Momente auf. Vertrauen gewinnst du nicht, indem du ihnen die Leviten liest.«

Wer einem Menschen helfen will, sich weiterzuentwickeln, gibt keine Antworten, sondern stellt Fragen. Mit den richtigen Fragen können Sie Kinder zu Lösungen begleiten. Wer fragt, führt Gedanken spazieren und beeinflusst, welche Richtung sie nehmen. Auf diesem Weg finden Kinder selbst eine Antwort auf Probleme. Eine Antwort, mit der sie sich identifizieren können.

Bleiben Sie am Ball!

Ein Trainer kann sich jederzeit von seinem Amt zurückziehen, im Erfolg wie im Misserfolg. Real Madrids Erfolgstrainer Zinédine Zidane erklärte 2018, nachdem die Mannschaft zum dritten Mal in Folge die Champions League gewonnen hatte, seinen Rücktritt. Er hatte das Gefühl, seine Spieler benötigten neue Impulse, eine neue Ansprache, vielleicht auch neue Methoden. Möglicherweise brauchte Zinédine Zidane auch einfach eine Pause. Der Trainerjob verlangt viel von einem Menschen. Eltern zu sein ist ungleich schwerer.

Als Vater oder Mutter können wir nicht einfach von unserem Amt zurücktreten. Wir können uns maximal einige Tage Auszeit nehmen, in der Opa, Oma, oder wer auch immer, auf die Kinder aufpassen und wir Kraft für den nächsten Spieltag tanken können. Wenn unsere Kinder neue Impulse oder neue Methoden benötigen, sind wir gefordert, diese selbst zu entwickeln oder uns entsprechend weiterzubilden.

Dabei können wir uns an Erfolgstrainer Arsène Wenger orientieren. Er hat beim FC Arsenal London über 22 Jahre hinweg gezeigt, dass auch für Trainer möglich ist, was Eltern selbstverständlich scheint: langfristig am Ball zu bleiben. Coaching ist eine erfüllende Lebensaufgabe, deren Sinn und Lohn Arsène Wenger auf den Punkt bringt:

»Die Befriedigung eines Trainers besteht darin, auf die Spieler zuzugehen und das Maximum aus ihnen und ihren vorhandenen Möglichkeiten herauszuholen.«

DAS TRAINERPORTRÄT

Norbert Elgert, der Lebenslehrer

**»Wenn du jeden Tag das Beste gibst,
wirst du der Beste werden, der du sein kannst.«**

Fußball führt Menschen zusammen, und meiner großen Leidenschaft verdanke ich viele bereichernde Begegnungen. Besonders dankbar bin ich für die Gespräche mit Norbert Elgert. Der A-Jugend-Trainer von Schalke 04 zählt zu den besten europäischen Ausbildern und arbeitete mit Spielern wie Mesut Özil, Manuel Neuer, Julian Draxler, Leroy Sané, Max Meyer und Leon Goretzka. Mit seiner Schalke-U19-Mannschaft wurde er DFB-Pokalsieger und Deutscher Meister. Norbert Elgert gilt als einzigartiger Fußballlehrer und begnadeter Talentschmied, obwohl er stets betont, seine Erfolge seien keine »Nobert-Elgert-One-Man-Show«, sondern eine Teamleistung.

Seine Bescheidenheit ehrt ihn, doch die Bewunderung und Liebe, die ihm von allen Seiten entgegengebracht wird, besonders von seinen ehemaligen Spielern, lässt keinen Zweifel:

Norbert Elgert vermittelt seinen Schützlingen mehr als Technik und Taktik.

Er fasst seine Verantwortung weiter. In seinen Augen muss ein moderner Trainer Coach, Ausbilder, Pädagoge und Psychologe sein und die jungen Spieler aufs Leben vorbereiten. Der Schalker beschreibt sich selbst »als Lebenslehrer«.

Seinen Schützlingen Werte wie *Respekt*, Ehrlichkeit, Demut, *Dankbarkeit* und *Teamgeist* zu vermitteln, gehört für ihn zum Aufgabenbereich eines Trainers.

Seine Einstellung fasst er folgendermaßen zusammen: **»Demut ist wichtig, genauso wie Mut und Selbstvertrauen.« Nur arrogant darf man nicht werden: »Du hast keinen Grund, ein Arschloch zu sein, nur weil du besser Fußball spielst als andere!«**

Die Spieler spüren, dass es dieser Trainer gut mit ihnen meint. Viele sehen in ihm eine Vaterfigur. Als Autoritätsperson, die auf Kompetenz, Erfahrung und Persönlichkeit setzt, pflegt er einen klaren Führungsstil: Was er sagt, wird gemacht. Er verlangt viel von seinen Spielern, weil er ihnen viel zutraut.

Anspruchsvoll und fordernd legt Norbert Elgert die Messlatte bei Technik und Taktik hoch. Spielintelligenz und mentale Geschwindigkeit erwartet er ebenso selbstverständlich wie Athletik und Fitness.

»Der erfolgreiche Weg ist auch ein harter Weg«, davon ist er überzeugt. Sein Motto: keine Abkürzungen, keine Ausreden und immer bereit sein, alles zu geben. Es geht darum, sich selbst zu übertreffen und als Team zu agieren. »Sobald angepfiffen wird, muss das Wir über dem Ich stehen.«

Talent hält er für überschätzt. »Es ist die Grundvoraussetzung, aber sie entfaltet sich nur durch Betätigung. Talent stellt dich in die Tür, aber am Ende gewinnt der Kopf.« Für Norbert Elgert ist die Mentalität entscheidend, und damit unsere 11 Freunde: *Selbstvertrauen, Ziele, Tatkraft, Disziplin, Teamgeist, Dankbarkeit, Bildung, Verantwortung, Respekt, Kreabilität* und *Spielfreude.*

Was Norbert Elgert von seinen Spielern erwartet, erwartet er auch von sich selbst. Er gibt immer alles und bildet sich ständig weiter. Seine Ansprachen hält er hochmotiviert und bestens vorbereitet. Er lebt nach seiner Überzeugung: Wer sich nicht weiterentwickelt, fällt zurück. Schwierigkeiten mögen dazugehören, »aber wenn du jeden Tag das Beste gibst, wirst du in Zukunft auch der Beste werden, der du sein kannst.«

Früher war Norbert Elgert selbst Profi und lebte als Stürmer auf Schalke seinen Traum, bis ihn seine Gesundheit vom Platz holte. Ein schwerer Nierenschaden wurde diagnostiziert, und er musste damit rechnen, das Organ zu verlieren. Seine Zeit als Profispieler schien vorbei, die Ärzte ließen daran keine Zweifel. Aber Norbert Elgert hielt an seinem Ziel fest und kämpfte sich zurück in die Bundesliga. Während dieser harten Zeit bewies er sich und allen anderen, wie viel sich durch Einstellung und Willen schaffen lässt. Diese Erkenntnis lebt er jungen Fußballern seit 1996 vor. Seine Erfolgsbilanz bestätigt ihn: Über 80 seiner ehemaligen Auszubildenden sind heute Profis.

DIE TRAINERSPRACHE

Die geballte Macht der Worte

»Das wichtigste Werkzeug von Trainern ist die Sprache.«

Ein guter Coach versteht sich auf Worte. Er kennt ihre Macht und setzt sie bewusst ein. Worte vermögen alles. Sie können begeistern, anfeuern, inspirieren, herausfordern, trösten, mitreißen und motivieren. Sie können aber auch das Gegenteil. Unzählige Erfolgsgeschichten wurden nie geschrieben, weil Worte von Eltern, Lehrern oder Trainern sie im Keim erstickt haben.

Unbedacht ausgesprochene Urteile, Demütigungen und Beleidigungen richten täglich großen Schaden an. Wir alle wissen, dass Worte schärfer sein können als jedes Messer. Deshalb sollten wir unsere Worte sehr sorgsam und sorgfältig wählen, insbesondere im Umgang mit unseren Töchtern und Söhnen.

Kinder speichern unsere Aussagen als Wahrheiten, weil sie uns vertrauen. Deshalb müssen wir Eltern und Trainer mit Worten der Anerkennung und Ermutigung arbeiten, aus denen unsere Zuneigung spricht.

Wir wissen vom Fußballplatz und aus der Forschung: Worte haben eine schöpferische Kraft. Jedes Wort wirkt – innen wie außen. Worte bestimmen unser Bewusstsein und unser Unterbewusstsein. Worte prägen uns, weil sie sich einprägen. Sie verfestigen alte Denk- und Verhaltensmuster oder lockern diese auf. Worte verändern Gedanken und Gefühle, unsere eigenen und die unserer Mitmenschen. Worte haben diese Kraft, weil sie Taten vorbereiten.

Worte sind die Baumeister und gleichzeitig der Ausdruck unserer Mentalität. Unsere Sprache offenbart unser Denken und sie formuliert unser Leben.

Durchschnittlich 16 000 Wörter sprechen wir täglich. Wenn wir ihre Qualität verbessern, verbessern wir gleichzeitig unsere Kompetenz als Wortführer unserer Familie, als Eltern und als Trainer. Im Training am Deutschen Fußball Internat und im Familienalltag bewähren sich folgende Anhaltspunkte:

⚽ »Man« hat nichts zu sagen.

Dieses Wort zerstört jeden Satz und jede Autorität. Trotzdem geben wir ihm viel Raum. Man muss sich nur umhören. Wer muss sich umhören? Ich? Du? Wir? Alle? Das Wörtchen »man« ist feige. Es verschweigt den Absender und den Empfänger der Aussage. »Man« ist unpersönlich und zwingt unsere Aussage in die Beliebigkeit. Das Wort macht das, was wir sagen wollen, wert- und wirkungslos. »Man« sagt nichts. »Man« hat auch nichts zu sagen. »Man« gibt die Verantwortung ab.

Entscheidend ist, was Sie wollen. Sagen sie »ich«, wenn sie »ich« meinen. Automatisch werden Ihre Aussagen persönlich. Persönliche Aussagen berühren andere und verbinden uns mit uns selbst und der Welt: Wer »ich« sagt, steht für sich und seine Gedanken ein. Er teilt sich mit. »Ich« ist Ihr mächtigstes Wort.

⚽ »Müssen« macht uns fremdbestimmt.

»Müssen« setzt Menschen unter Druck. »Ich muss arbeiten, ich muss kochen, ich muss die Kinder abholen, ich muss die Hausaufgaben machen.« Wer ständig Dinge tun »muss«, glaubt am Ende, nichts entscheiden zu können. In Wahrheit müssen wir sehr wenig, alles andere haben wir entschieden. »Wollen« ist meist wahrheitsgetreuer als »müssen« und hat größere Kraft: Selbstbestimmung drückt sich in »wollen« aus. Fremdbestimmung in »müssen«. »Wollen« bringt Sie in die Führungsrolle und stärkt Ihre Autorität. Müssen Sie Ihre Kinder erziehen, oder wollen Sie Ihre Kinder erziehen?

⚽ **»Probleme« verdienen andere Bezeichnungen.**

Finden Sie Wörter, die Ihnen und Ihrer Familie Positives vermitteln. Machen Sie sich gemeinsam auf Schatzsuche. Welche Wörter signalisieren Selbstvertrauen, Zielorientierung, Tatkraft, Dankbarkeit, Respekt und Verantwortung? In welchen Worten kommt Ihre Spielfreude zum Ausdruck? Sprechen Sie von »Problemen« oder »Herausforderungen« und »Aufgaben«? Das Wort »Problem« signalisiert ein Hindernis. Es hemmt und bremst uns. Es macht erwiesenermaßen einen Unterschied, ob wir uns über Probleme den Kopf zerbrechen oder über Herausforderungen nachdenken. Das Wort »Herausforderung« signalisiert *Selbstvertrauen*, Dynamik und Möglichkeiten. Es verspricht Wachstum und Erfolg. Das Wort »Aufgabe« steuert auf die Lösung zu.

⚽ **Verbaloptimismus verbessert das Leben, weil er Alternativen herbeiredet, anstatt sie auszublenden.**

Wer eine schwierige Situation »Herausforderung« anstatt »Problem« nennt, verdrängt die Situation damit nicht, sondern nimmt sie an, während andere auf ihren Problemen sitzen bleiben. Probleme sind bequem, Herausforderungen fordern.

Wenn Ihnen allerdings »Herausforderungen« als Ersatz für »Probleme« für den Einstieg zu hoch gegriffen ist, können Sie sich vorerst mit dem Wort »Situation« behelfen. »Situation« erzählt von einer Momentaufnahme in einem dynamischen Prozess. Wir betreiben hier keine Wortklaubereien, sondern nutzen Techniken des »neurolinguistischen Programmierens«, denn unsere Sprache wirkt auf mentale Prozesse ein.

⚽ **Der Name ist Programm.**

Welchen Namen wir einer Situation geben, bestimmt, welches Programm wir in uns und anderen auslösen: die Problemmaschine oder den Lösungsansatz.

⚽ **Sprache wirkt auf mentale Prozesse ein.**

Unsere Sprache ist ein Baumeister unserer Mentalität. Ich fordere Sie auf, nehmen Sie Ihr Leben beim Wort! Erzählen Sie Ihre Geschichte und die Geschichte Ihrer Kinder mit kraftvollen, positiven Begriffen. Eigentlich eine gute Idee? Streichen Sie »eigentlich«.

»Eigentlich« braucht niemand.

»Eigentlich« nimmt unseren Statements ihre Aussagekraft, weil es sich vor Klarheit drückt. Es schießt unsere Sätze ins Aus. »Eigentlich war es ein schöner Tag.« »Eigentlich will ich etwas anderes.« »Eigentlich ist er ein netter Typ.« »Eigentlich« stellt alles infrage: Die Aussage unserer Sätze und letztendlich auch uns selbst. Dieses Wort bricht Sätzen das Rückgrat, dabei braucht unsere Sprache eine aufrechte Haltung. Besonders im Umgang mit Kindern. »Eigentlich solltest du jetzt deine Hausaufgaben machen.« »Eigentlich solltest du jetzt trainieren.« Eigentlich sollten wir es besser wissen.

»Nicht« verwirrt nur.

Wer Kindern sagt, was sie nicht tun sollen, anstatt klar zu formulieren, was von ihnen erwartet wird, bereitet ihnen unnötig Schwierigkeiten. Während der Verarbeitungsprozesse in ihren Köpfen geht das Wort »nicht« sehr leicht verloren. Somit erfasst das Unterbewusstsein das Gegenteil unserer Aussage: »Schieß nicht mit dem rechten Fuß« wird zu »Schieß mit dem rechten Fuß«. »Komm nicht wieder zu spät« wird zu: »Komm wieder zu spät«. Die Lösung lautet: positive Formulierungen. »Schieß mit dem linken Fuß«, »Komm pünktlich«. Sagen Sie, was gemacht werden soll. Geht nicht, gibt's nicht. Geht doch!

Weniger ist mehr.

Transportieren Sie Ihre Botschaft nicht in einem Wortschwall, denn sie geht sehr wahrscheinlich darin unter. Wenige verständliche und zielgerichtete Worte treffen besser. Überlegen Sie sich: Was wollen Sie Ihrem Kind in diesem Moment mitteilen? Anschließend sagen Sie genau das, nicht mehr und nicht weniger. Besser kurze Ansagen als lange Predigten.

Behalten Sie dabei im Kopf, dass jeder Mensch Worte anders interpretiert. Der eine denkt bei »Hund« an einen Dackel, der andere an eine Dogge. Seien Sie deshalb so präzise wie möglich, erst recht, wenn es um Zeit oder Mengenangaben geht. »Es dauert nicht mehr lange«

bedeutet für verschiedene Menschen sehr Verschiedenes, genauso wie »viel« oder »wenig«. Erklären Sie Ihre Aussagen, das beugt Missverständnissen vor. Wenn Sie wollen, dass das Kinderzimmer aufgeräumt wird, empfiehlt es sich, kurz und konkret zu beschreiben, was sie unter »aufgeräumt« verstehen.

⚽ **Der gute Ton**

Achten Sie auf die Lautstärke. Wer schreit, verletzt das Selbstwertgefühl von Kindern. Kinder, die regelmäßig von ihren Bezugspersonen angeschrien werden, neigen häufiger zu Depressionen oder Aggressionen. Jedes Kind verdient einen guten Umgangston und gute Worte. Selbstverständlich dürfen Kinder nicht beleidigt oder gedemütigt werden, weder leise noch laut. Verbale Gewalt richtet ähnlichen Schaden an wie körperliche. Trainer, die mit Worten laut und brutal zuschlagen, haben auf dem Platz nichts zu suchen. Es liegt in der Verantwortung von Erwachsenen, Kinder zu schützen, auch vor verbalen Angriffen. Die Würde des Kindes muss gewahrt bleiben. Trainer, die brüllen, beleidigen oder demütigen, bekommen Platzverweis. Am Deutschen Fußball Internat sieht selbst der kompetenteste Trainer die rote Karte, wenn er sich stark und wiederholt im Ton vergreift.

⚽ **Achten Sie auf vollständige Sätze, und machen Sie Pausen.**

Viele Menschen bilden unvollständige Sätze. Sie brechen sie unvermittelt ab und lassen ihre Gedanken in der Luft hängen. Vollständige, klar strukturierte Sätze erleichtern das Zuhören und die Konzentration auf das Gesagte. Wenn Sie am Ende eines jeden Satzes eine winzige Pause machen, erhöhen Sie seine Wirkung und gleichzeitig die Spannung für den folgenden Satz. So gewinnen Sie die Aufmerksamkeit von Erwachsenen und Kindern.

⚽ **Pflegen Sie Ihre Sprache.**

Julian Nagelsmann achtet in Hoffenheim nicht nur auf die Ballkünste seiner Spieler, sondern auch auf deren verbale Fähigkeiten. Er legt Wert darauf, dass mit Artikeln gesprochen wird, und versucht, die deutsche Sprache zu pflegen. Insbesondere von deutschen Muttersprachlern wünscht er sich ebenso korrekte Sätze wie Pässe. In seiner

Anfangszeit in Hoffenheim war der Trainer mit Notizzetteln zu sehen, auf denen er notierte, wenn Spieler »Gib Ball« anstatt »Gib mir den Ball« riefen. Von diesen kassierte er nach dem Training jeweils einen Euro Strafe, um das Geld für einen guten Zweck zu spenden.

Wir sehen also: Worte schaffen Wirklichkeiten. Jedes Wort wirkt. Wählen wir deshalb gute Worte für unsere Kinder und einen freundlichen Umgangston. Ein guter Sprachstil drückt die Persönlichkeit und den Geist stärker aus als Kleidung und Manieren.

DIE FÜNFERKETTE

Konflikte nach System lösen

»Sagen wir, was Sache ist, und reden wir über Gefühle.«

Konflikte sind menschlich. Im Sport und in der Familie. Meist entzünden sie sich an unterschiedlichen Bedürfnissen: Die einen wollen Ruhe, die anderen Radau, die einen brauchen Ordnung, die anderen lieben das Chaos, die einen wollen Freiheit, die anderen Kontrolle. Wir alle wollen Liebe, Anerkennung, Wertschätzung und Verbundenheit, egal wie jung oder alt wir sind. Doch in Konfliktsituationen vergessen wir das leicht und greifen als Eltern und Trainer zum Befehlston, der möglicherweise zu einem kurzfristigen Erfolg, aber langfristig in vielen Fällen zu Machtkämpfen führt.

Niemand hört gerne Kommandos oder Beschuldigungen.

Mit Befehlen, wie »Räum gefälligst deine Schuhe auf!« oder Vorwürfen wie »Du bist so schlampig!« können wir meist nur wenig erreichen. Nachhaltigen Wandel erzielen wir, wenn wir über unsere Gefühle sprechen und sagen, worum es uns tatsächlich geht. Das klingt einfacher, als es ist. Deshalb entwickelte der Psychologe Marshall B. Rosenberg das System der Gewaltfreien Kommunikation, auch »Einfühlsame Kommunikation« genannt. Der sperrige Name beschreibt eine geschmeidige Vorlage, die uns hilft, respektvoll zu kommunizieren und einander besser zu verstehen.

Der sichere Weg führt über fünf Stationen: »Beobachtung, Gefühl, Bedürfnis, Bitte und Danke«.

Das ebenso einfache wie wirkungsvolle Muster eignet sich für nahezu jede Lebenslage und wird auch an Schulen und in Vereinen erfolgreich vermittelt. Wir nennen diese bewährte, hilfreiche Methode die Fünferkette. Mit ihr gewinnen Sie am Ende immer, wenn Sie bereit sind, diese Bälle zu spielen:

1. Beobachtung: Sagen Sie, was Sache ist!

Und bleiben Sie bei der Sache. Das bedeutet: Schildern Sie Ihre Beobachtung neutral, ohne zu urteilen. Was genau ist passiert? Welches Verhalten haben Sie wahrgenommen? Welche Fakten liegen vor? Welche Worte haben Sie gehört? Es ist eine hohe Kunst, Verhalten sachlich zu beschreiben und Worte wiederzugeben, ohne diese zu bewerten. Erst recht, wenn Sie verärgert, wütend oder enttäuscht sind. Versuchen Sie es trotzdem. Das kann beispielsweise so klingen:

»Du bist in dieser Woche schon dreimal zu spät nach Hause gekommen.«
Anstatt: »Nie kommst du pünktlich nach Hause.«

»Du hast in den vergangenen zehn Spielen kein Tor geschossen.«
Anstatt: »Du bist ein miserabler Stürmer.«

»Ich sehe dich in letzter Zeit häufig Chips, Schokolade oder Pizza essen.«
Anstatt: »Du futterst nur ungesundes Zeug.«

»In deinem Zimmer liegt die schmutzige Kleidung der gesamten letzten Woche auf dem Boden.«
Anstatt: »Dein Zimmer ist ein einziger Saustall.«

»Deine Fußballschuhe stehen mitten im Flur und ich bin darüber gestolpert.«
Anstatt: »Deinetwegen breche ich mir noch das Genick.«

»Du hast die Spülmaschine nicht ausgeräumt.«
Anstatt: »Im Haushalt bist du keine große Hilfe.«

»Du hast eine Fünf in Deutsch.«
Anstatt: »Du bringst nur schlechte Noten nach Hause.«

»Du hast gestern Fritz getreten und heute Laura geschubst.«
Anstatt: »Du bist aggressiv.«

Für die saubere Trennung zwischen Beobachtung und Bewertung gibt es einen guten Grund: Bewertungen klingen nach Kritik, und Kritik erzeugt Widerstand. Wer sich kritisiert fühlt, geht in die Verteidigung oder zum Gegenangriff über. Das lässt sich verhindern, wenn wir uns allein auf unsere Beobachtung konzentrieren, ohne diese zu bewerten. Noch einmal: Beobachten und sagen, was Sache ist.

2. Gefühle: Sprechen Sie über Ihr Gefühl.

Offen und ehrlich. Beschreiben Sie, welche Emotionen die Sachlage bei Ihnen auslöst. Lenken Sie Ihre Aufmerksamkeit von außen nach innen. Seien Sie dabei ehrlich und durchaus auch verletzlich. Warum? Weil Menschen Wahrhaftigkeit berührt und ehrlich geäußerte Gefühle Brücken schlagen. Offenheit öffnet. Gefühle erreichen das Herz. Was fühlen Sie? Raus damit!

Das kann sich wie folgt anhören:

»Ich bin wütend.«
»Ich bin frustriert.«
»Ich bin traurig.«
»Ich bin einsam.«

Vorsicht Verwechselungsgefahr! Wir neigen dazu, »Gefühl« zu sagen, wenn wir in Wahrheit einen Gedanken ausdrücken.

Ein Beispiel: »Ich habe das Gefühl, du bist nicht fair zu mir.«
Treffender wäre hier: »Ich denke, du bist nicht fair zu mir.«
Ein Gefühl ließe sich so beschreiben: »Ich bin verunsichert.«

Um sicherzugehen, dass wir wirklich unser Gefühl in Worte packen, brauchen wir den Satz nur mit »Ich bin …« zu beginnen. Anschließend können wir aus dem Vollen schöpfen: begeistert, besorgt, hoffnungsvoll, schockiert, glücklich, angespannt, überrascht, bestürzt, motiviert, deprimiert, selig, erschöpft, optimistisch, gelangweilt, friedlich … Nennen Sie Ihr Gefühl beim Namen.

3. Bedürfnis: Erklären Sie, was Sie wirklich brauchen.

Beschreiben Sie, welches Bedürfnis hinter Ihrem Gefühl steckt. So dringen Sie zum Kern der Sache vor – weil unsere Bedürfnisse unsere Gefühle bestimmen, beeinflussen und lenken. Also »Butter bei die Fische«, wie Thomas Schaaf, die Trainerlegende von Werder Bremen, sagen würde. Worum geht es Ihnen wirklich? Wonach sehnen Sie sich? Warum löst die aktuelle Sachlage diese Gefühle bei Ihnen aus? Fehlt es Ihnen an Anerkennung? Brauchen Sie Hilfe? Sehnen Sie sich nach Erholung und Entspannung? Brauchen Sie Nähe und Verständnis? Ruhe? Ordnung? Verlässlichkeit? Sie wissen es am besten. Teilen Sie Ihr Wissen!

Bedürfnisse lassen sich beispielsweise so ausdrücken:

»Ich brauche Zeit für Sport, damit ich ausgeglichen bin.«
»Ich brauche die Gewissheit, dass du gut angekommen bist.«
»Ich brauche Unterstützung beim Aufräumen.«
»Ich brauche Hilfe, sonst schaffe ich mein Arbeitspensum nicht.«
»Ich brauche Schlaf, um mich morgen wieder konzentrieren zu können.«

In Kombination mit Schritt 1 und 2 kann das so klingen: »Nils, ich bin verärgert (Gefühl), weil deine Fußballkleidung im Wohnzimmer auf dem Boden liegt (Beobachtung/Sachlage). Ich brauche ein aufgeräumtes Zimmer, um mich entspannen zu können (Bedürfnis).«

Sie merken, Sie können die ersten drei Positionen in beliebiger Reihenfolge spielen, sobald Sie diese verinnerlicht haben.

Noch ein Beispiel: »Ich bin traurig (Gefühl), dass du nicht mit uns an den See fahren willst (Beobachtung/Sachlage), weil ich gerne mit dir Zeit verbringe (Bedürfnis nach Nähe).«

Je besser es uns gelingt, unsere Gefühle zu erklären, umso größer ist die Chance, dass andere einfühlsam und rücksichtsvoll darauf reagieren. Denn unsere Bedürfnisse teilen wir mit allen anderen Menschen. Wir alle sehnen uns nach Nähe, Gemeinschaft, Empathie, Liebe, Geborgenheit, Respekt, Unterstützung, Vertrauen und Zugehörigkeit. Wir wollen uns mit anderen verbunden fühlen und uns als bedeutenden Teil der Gemeinschaft erleben. Unsere Bedürfnisse haben also die besten Chancen, erfüllt zu werden. Vorausgesetzt, wir nehmen sie ernst. Nur wenn wir unsere Bedürfnisse ernst nehmen, werden es auch unsere Kinder, Partner, Freunde und Kollegen tun.

4. Bitte: Formulieren Sie eine konkrete Bitte.

Bringen Sie Ihre Wünsche auf den Punkt. Formulieren Sie, was Sie sich von Ihrem Gegenüber erhoffen. Bitten Sie klar darum, Rücksicht auf Ihr Bedürfnis zu nehmen. Dabei ist es wichtig, die Bitte so zu formulieren, dass der andere versteht, was Sie sich von ihm erhoffen. Geben Sie eine konkrete, einfache Handlungsanweisung und vergessen Sie dabei nicht das Wort »Bitte«. Dieses Wort unterscheidet die Bitte von einem Befehl, der unserem Gegenüber nur die Möglichkeit lässt, sich zu fügen oder sich zu widersetzen. Wenn wir um etwas bitten, gestehen wir dem anderen Menschen Entscheidungsfreiheit zu. Eine Bitte zeigt Respekt und schenkt Freiraum. Es ist sehr viel wahrscheinlicher, dass sich ein Mensch in diesem Freiraum auf uns zubewegt als in der Zwangsjacke eines Befehls. Wir kommen unseren Mitmenschen gerne entgegen, besonders denen, die wir lieben. Wir erfüllen gerne Bitten und Wünsche, wenn es uns möglich ist.

Eine konkrete Bitte kann beispielsweise so klingen:
»Bitte räume deine Schuhe jetzt und künftig auf.«
»Bitte ruf mich an, wenn du gut angekommen bist.«
»Bitte lass uns diese Situation gemeinsam und im Guten lösen.«

Eine Bitte kann abgelehnt werden. Die Chancen, dass sie erfüllt wird, sind jedoch weitaus größer. Selbst wenn uns jemand eine Bitte abschlägt, verändert sich die Gesamtsituation oft zum Guten, weil wir ehrlich waren und uns selbst gezeigt haben. Probieren Sie es aus, wenn es sich um Themen und Bedürfnisse handelt, die Ihnen wichtig sind.

5. Wertschätzung: Bedanken Sie sich!

Genauso bedeutend wie unsere Bitte ist unser Dank. Er drückt unsere Wertschätzung aus. Diese gibt es in verschiedenen Qualitätsstufen. Ganz unten stehen Pauschalurteile, die gerne als Kompliment getarnt überreicht werden. Die Klassiker: »Du bist toll!«, »Du bist großartig!«, »Du bist der Beste!«. Ja, klar! Was gut gemeint sein mag, klingt sehr beliebig. Solche Komplimente sind austauschbar. Besser kommt ein tiefempfundener konkreter Dank an, der sich erklärt. Ein Dank, der weiß, wofür er steht.

»Danke, dass du mir so aufmerksam zugehört hast.«
»Danke, dass du deine Schuhe aufräumst und mir hilfst, Ordnung zu halten.«
»Danke, dass du so leise warst und ich ausschlafen konnte. Jetzt fühle ich mich frisch und erholt.«
»Danke, dass du mich angerufen hast, um zu sagen, dass du später kommst. Jetzt bin ich beruhigt.«

Danksagung für Fortgeschrittene: Sagen Sie, was Sache ist. Beschreiben Sie Ihr gutes Gefühl, das durch die Sache entstanden ist, und benennen das Bedürfnis, das dadurch befriedigt wurde. Drei alte Bekannte? Genau! Die Fünferkette hilft immer.

Unsere Fünferkette als Erfolgsmuster für Konfliktsituationen ist psychologisch fundiert und zählt inzwischen zu den anerkanntesten Trainingsansätzen weltweit. Für manch einen mag diese Möglichkeit der Verständigung umständlich und zeitraubend klingen, doch die Mühe lohnt sich. Langfristig erweist sich die Fünferkette als effektiver und nervenschonender als sich ständig wiederholende Diskussionen oder Wutausbrüche.

Sie zweifeln? Marshall B. Rosenberg war ein Pragmatiker. Typisch für ihn war folgende Antwort auf kritische Fragen:

»Was macht sie so sicher, dass das funktioniert?«

»Ich habe es ausprobiert.«

Seien Sie sich bewusst, Sie sind auch in Sachen Gesprächsführung das Vorbild Ihrer Kinder und somit immer unter Beobachtung. Während Sie selbst Ihre Kommunikation trainieren, üben Ihre Töchter und Söhne automatisch mit. Ihre Kinder lernen von Ihnen, was es bedeutet, offen und ehrlich zu kommunizieren – und wie es funktioniert.

DAS MEISTERTRAINING

Am Ball bleiben

»Nur qualifiziertes und bewusstes Training macht den Meister.«

»Das Kopfballungeheuer« nannte ihn die Fußballwelt, und Horst Hrubesch hatte sich seinen Kampfnamen redlich verdient. Als aktiver Spieler feierte er mit dem HSV dreimal die Deutsche Meisterschaft, und mit der Nationalmannschaft stemmte er 1980 den Europapokal in die Höhe. Bei der WM 1982 schaffte er es mit der Mannschaft bis ins Finale. Horst »Hotte« Hrubesch beeindruckte Trainer und Fans, doch am Anfang seiner Karriere hätten nur wenige auf ihn gesetzt. Niemand bezeichnete ihn als »Talent«, trotz einer beeindruckenden Torbilanz. Der junge Mann punktete mit Mentalität. Auch er hatte das, was Nico Kovač als »Arbeitstalent« bezeichnete:

Horst Hrubesch trainierte härter und ausdauernder als andere.

Schon als Spieler begriff er, was er auch später, als Jugendtrainer beim DFB, umsetzen sollte: »Erfolg im Fußball kommt nur über die Arbeit. Wenn du nicht bereit bist, mehr zu arbeiten als der andere, wirst du keinen Erfolg haben.«

Üben, üben, üben, aber richtig!

Diese Haltung prägte seine Zeit als Spieler und seine Trainerarbeit im Jugendbereich. Er selbst hatte erlebt, was Training in Kombination mit einer starken Mentalität vermag. Seinen Spielern schärfte er deshalb aus tiefster Überzeugung ein: »Du weißt nicht, was möglich ist, bevor du es nicht probiert hast.« Hrubesch war überzeugt, dass es für jedes sogenannte Manko eine Lösung gibt. Er lieferte den Beweis, indem er sowohl seine U19-Mannschaft als auch seine U21 zur Europameisterschaft führte.

Lassen Sie es uns wie Hrubesch machen, wenn wir als Eltern unseren Trainerjob ausüben. Lassen Sie uns das Coaching üben, üben, üben, jeden Tag aufs Neue, und staunen, was möglich ist.

Leiten wir unsere Kinder an, regelmäßig qualifiziert und bewusst zu lernen und zu trainieren. Unsere Töchter und Söhne werden davon profitieren. Dafür gibt es einen Grund:

Jedes halbwegs durchdachte Training beinhaltet ein Bonusprogramm.

Qualifiziertes Training baut bei Spielern nicht nur Fähigkeiten auf, sondern vermittelt gleichzeitig, wie sich unsere Leistungen zuverlässig steigern lassen – nicht nur im Fußball, auch in der Schule, denn die Prinzipien sind die gleichen. Qualifiziertes und bewusstes Training bedeutet auch: das Lernen lernen. Gute Fußballtrainer machen Kindern vor, wie es funktioniert und welche Voraussetzungen erfüllt sein müssen, damit die Übungszeit sinnvoll investiert ist.

Ein kluger Coach weiß: Übung allein macht noch lange nicht den Meister.

Die Übung muss durchdacht sein und bestimmte Voraussetzungen erfüllen. Ihre Einheiten müssen aufeinander aufbauen. Vom Kopf wird höchste Konzentration und Mitarbeit gefordert und vom Trainer große Kompetenz. Nur qualifiziertes und bewusstes Training macht den Meister. Das gilt für alle Lebensbereiche, egal ob es sich um Sport, Erziehung, Musik, ein Handwerk oder Managementaufgaben handelt. Um immer besser in einer Sache zu werden, müssen wir diese richtig, also qualifiziert und bewusst, trainieren.

Auf das Wie kommt es an und auf den Coach.

Sie erinnern sich, wir haben diese Tatsache bereits im Kapitel »Talent« angeschnitten. Jetzt ist es an der Zeit, das Thema zu vertiefen, um Ihnen das nötige Know-how für Ihre Aufgabe als Übungsleiter an die Hand zu geben. Sie erfahren, was beim Üben wirklich wichtig ist, wie effektive Trainingspläne aufgebaut sind und warum Ihr Feedback so entscheidend für Ihr Kind ist. Es ist Ihre letzte Vorbereitungseinheit, vor dem Kick-off zum Mentalitätstraining »11 Freunde«.

»Trainieren für die Zukunft«, nennt die Vernunft diese Art des Übens. »Trainieren für das Glück«, nennt es die Lebensfreude und erzählt von der Begeisterung, der Befriedigung und der wachsenden Motivation, die Menschen empfinden, wenn sie durch qualifiziertes und bewusstes Training ein gutes, besseres oder gar meisterliches Niveau erreichen.

Diese Menschen erfahren durch ihre eigene Leistungssteigerung: **Nicht unsere Talente schaffen unsere Möglichkeiten, sondern die Art und Weise, wie wir sie trainieren.**

Talent entwickelt sich beim Training. Das galt für Horst Hrubesch und übrigens auch für Mozart, Michael Jackson, Cristiano Ronaldo, Schachweltmeister Garri Kasparow und alle anderen, die als »Genies« in die Geschichte eingegangen sind. Es gibt Nobelpreisträger, deren Intelligenzquotient deutlich unter der sogenannten Hochbegabtengrenze von 130 liegt. Was sie alle auszeichnet, ist ihr Trainingsverhalten. Sie alle sind kontinuierlich am Ball geblieben und haben ihr Wissen und Können ständig erweitert. Thomas Alva Edison, der die Glühbirne erfand, drückte sein sogenanntes Genie in Zahlen aus: »Ein Prozent Inspiration, 99 Prozent Transpiration.«

In diesem Sinne: Lassen Sie uns schwitzen.

Um es mit Horst Hrubesch zu sagen: »Es kommt immer darauf an, was der Spieler aus sich macht. Man muss sich weiterentwickeln wollen. Den fertigen Spieler gibt es nicht.«

DER TRAINERLEHRGANG

Die Prinzipien des bewussten Trainings

»Wir schaffen uns unsere Talente und Möglichkeiten selbst.«

Zinédine »Zizou« Zidane zählt zu den ganz Großen im Fußball. Als Spieler schoss er die Franzosen zur Weltmeisterschaft und als Cheftrainer gewann er mit Real Madrid alle wichtigen Titel. Seine Erfolge führt der Sohn algerischer Einwanderer auf seine Erziehung zurück. Zidane wuchs in bescheidenen Verhältnissen auf, aber sein Vater vermittelte ihm, worauf es wirklich ankommt. Er investierte in die Mentalität des jungen Zinédine, indem er ihm Leitsätze mit auf den Weg gab wie diesen:

»Es gibt viele Leute, die begabter sind als du, aber du schaffst es, wenn du genug an dir arbeitest. Mach alles richtig, immer und immer wieder.«

Zinédine Zidane begriff früh, dass Erfolg nicht durch Zufall kommt, sondern durch Arbeit. Unzählige Stunden schoss er in seiner Kindheit den Ball gegen die Wand. Wieder und wieder. Konzentriert und fokussiert. Dieselbe Intensität verlangte er später von seinen Spielern.

»Jedes kleinste Detail muss stimmen. Das sage ich auch allen, die ich trainiere: immer wieder das Gleiche üben.«

Zinédine Zidane lebt die Prinzipien des bewussten Trainings auch als Vater von vier Söhnen.

Wer an Zinédine Zidane denkt, denkt jedoch auch an den Kopfstoß, den er als Spieler im WM-Finale 2006 dem Italiener Marco Materazzi verpasste, nachdem dieser Zidanes Mutter und Schwester beleidigt hatte. Dieser Ausraster kostete die Franzosen vermutlich den WM-Titel und Zidane sein bis dato makelloses Image. Später quälte er sich mit Vorwürfen. Den Kopfstoß selbst bedauerte er nicht, aber das schlechte Vorbild, das er damit abgab, und so entschuldigte er sich öffentlich bei allen Eltern, Erziehern und Kindern, die diese Aktion im Fernsehen sahen, mit den Worten: »Dafür gibt es keine Entschuldigung.«

Dafür, dass Zinédine Zidane die Verantwortung für sein Handeln übernahm, wurde ihm Respekt gezollt. Im Grunde empfahl er sich damals bereits als Trainer. Erfahrung und Wissen gesellten sich über die Jahre dazu. Zidane gehört heute zu den Coaches, die nie aus-, sondern immer dazulernen. Kein Wunder, schließlich durfte er die Prinzipien des bewussten Trainings bereits als Kind verinnerlichen.

Wie gestaltet sich qualifiziertes und bewusstes Training?

Wir haben die Grundbausteine für Sie zusammengefasst. Der Spielplan lässt sich auf alle Bereiche und Disziplinen übertragen, in denen Sie eine spür- und messbare Verbesserung anstreben oder gar die Meisterschaft.

Wenn wir gleich die 11 Freunde näher kennenlernen, ist es hilfreich zu wissen, worauf es beim bewussten Trainieren – selbstverständlich auch beim Trainieren der 11 Freunde fürs Leben – ankommt. Unser inneres Dream-Team entwickelt sich besser und zügiger, wenn wir folgende Prinzipien verinnerlichen und anwenden. Sie belegen erneut, wovon wir überzeugt sind: Erziehung ist Coaching.

Training ist Aufbauarbeit. Erziehung ist Aufbauarbeit.

Im Fußball, in der Mathematik, beim Sprachenlernen, beim Kochen, beim Gitarrespielen, in der Unternehmensführung und beim Erziehen – der sprichwörtliche Meister fällt nicht vom Himmel. Er arbeitet auf der Erde an seinem Trainingsplan, erweitert kontinuierlich seine Fähigkeiten und führt bewusst Übungen aus. Mit dem Erwerb grundlegender Kompetenzen schafft er sich ein Fundament. Im Fußball zählen dazu beispielsweise gezieltes Passen und Torschüsse, beim Sprachenlernen der Grundwortschatz, in der Mathematik das kleine Einmaleins, beim Kochen der Umgang mit dem Herd, im Management betriebswirtschaftliches Basiswissen und in der Erziehung ein Grundverständnis für kindliche Bedürfnisse.

Nur auf einem soliden Fundament lässt sich sinnvoll aufbauen. Das bedeutet: Bewusstes Training beginnt immer von vorne. Logisch, dass der dritte Schritt nicht vor dem ersten kommt. Doch selbst wenn wir noch am Anfang stehen, sollten wir bereits unser Ziel vor Augen haben. Es definiert unsere Aufbauarbeit und unseren Weg.

Wir brauchen ein klares Ziel, das uns zeigt, wo es langgeht. Auch in der Erziehung. Welche Ziele setzen Sie für sich und Ihre Kinder? Bewusstes Training weiß, wohin es will. Es fokussiert sich immer auf ein Ziel.

Jedes Training ist nur so gut wie sein Plan.

Qualifiziertes Training orientiert sich immer an einem Plan, der in alters- und situationsgerechten Entwicklungsschritten zum Ziel führt. Mit den 11 Freunden haben wir einen solchen Plan entworfen, an dem wir Eltern und Trainer uns orientieren und festhalten können. So vermeiden wir es, im Kreis zu laufen oder unser Ziel aus den Augen zu verlieren.

Wenn wir uns an unseren Plan halten, können wir bald schon die ersten kleinen Veränderungen an uns und unseren Kindern sehen. Und es sind die kleinen Veränderungen, die sich zu bedeutenden Verbesserungen zusammenfügen.

Der Trainer ist das Alpha-Tier.

Menschen sind soziale Wesen, salopp gesagt: Menschen sind Rudeltiere. Solange die Führungspositionen nicht besetzt sind, verbreitet sich im Rudel Unruhe und Angst. Unter diesen Voraussetzungen kann sich kein Rudelmitglied weiterentwickeln. Schon gar nicht die jüngsten. Ein Trainer muss ein Leitwolf sein. Ein Vater auch. Eine Mutter sowieso. Führen Sie Ihr Rudel an. Sie sind der Teamleader.

Gutes Training hat Methode, Erziehung auch.

Methoden erleichtern uns den Lernvorgang, ob beim Vokabellernen oder im Fußballtraining. Wirkungsvolle Methoden ersparen uns Zeit und Energie. Sie strukturieren unsere Lernvorgänge und helfen uns, hilfreiche Muster und Automatismen zu entwickeln. Beim Vokabellernen kann das die Karteikasten-Methode sein, beim Konditionstraining die Intervall-Methode und beim Aufbau von *Selbstvertrauen*, der Position 1 der 11 Freunde, können dies konstruktive Selbstgespräche sein. Erfolgreiche Methoden sind erprobte Methoden. Wir müssen den Ball nicht neu erfinden, wir müssen nur wissen, wie er sich am besten spielen lässt.

Bewusstes Training konzentriert sich auf Fähigkeiten.

Theoretisches Wissen nützt uns nur, wenn wir damit etwas anfangen können. Deshalb liegt der Fokus beim Fußballtraining und in der Erziehung darauf, mentale Fähigkeiten zu vermitteln, die uns in der Praxis weiterhelfen. Bewusstes, effektives Lernen ist immer konkret, erst recht, wenn es um abstrakte Dinge geht. Wer beispielsweise im Matheunterricht die lebenspraktische Anwendung einer Formel lernt, verinnerlicht die Formel automatisch und nachhaltig. Wer nur die Formel büffelt, weiß mehr, kann aber nicht unbedingt mehr. Wer ein Rezept liest und auswendig lernt, hat ein Gericht mehr im Kopf, wer in der Küche steht und das Gericht zubereitet, hat eine Fähigkeit erworben. Wer auf das Tor schießt, statt nur daran zu denken, erfährt, wie sich die eigene Kraft und Technik auf den Ball auswirken.

Training braucht Zeit.

Je mehr Zeit wir investieren, um unsere Fähigkeiten zu entwickeln, umso mehr können wir erreichen. In jeder Disziplin. Ohne eine ungeheure Menge an Trainingseinheiten entwickelt niemand außergewöhnliche Fähigkeiten. Übung macht eben doch den Meister, vorausgesetzt, sie ist qualifiziert.

Effektives Training holt uns aus der Komfortzone.

Wer nur übt, was er kann, bleibt, wo er ist. In vielen Bereichen können wir genau damit zufrieden sein und uns einkuscheln ins Erreichte. Aber sobald wir mehr wollen, mehr Leistung, mehr Anerkennung, mehr Geld, mehr Möglichkeiten, mehr Erfolge oder eine noch bessere Erziehung für unsere Kinder, müssen wir unsere Komfortzone verlassen.

Bewusstes Training legt es darauf an, uns Leistungen abzuverlangen, die unser aktuelles Niveau leicht übersteigen. Das ist nicht besonders komfortabel, aber extrem effektiv. Unser Potenzial liegt jenseits unserer Komfortzone. Dort müssen wir hin. Und dort wollen wir auch unsere Kinder sehen. Denn jenseits der Komfortzone liegen die wirklich guten Gefühle und der Erfolg.

Feedback gehört zum Training.

Kinder und Erwachsene brauchen kontinuierliche Rückmeldungen von einem qualifizierten Trainer, um ihre Leistungen einschätzen und verbessern zu können. Wir müssen erfahren, wo genau unsere Fehler liegen und wie wir sie korrigieren können. Hilfreiches Feedback beleuchtet und prüft das Gelernte. Feedback schaut zurück und weist nach vorne, dorthin, wo unser Leistungsziel liegt. Es nennt Probleme beim Namen und zeigt Lösungen auf.

Feedback gehört zu den Kernaufgaben von Eltern und Trainern. In den einzelnen Trainingseinheiten der 11 Freunde erhalten Sie zu jeder einzelnen Position ganz konkrete Anregungen und Vorschläge für ein konstruktives Feedback. Grundsätzlich gilt:

- **Qualifiziertes Feedback bezieht sich immer auf eine konkrete Sache.**

Beispielsweise die Matheprobe, das Abendessen, die aktuelle Trainingseinheit. Zu sagen: »Du bist respektlos!«, ist kein qualifiziertes Feedback. Folgende Aussage dagegen schon: »Du hast gelangweilt dein Gesicht verzogen, als ich die Technik erklärt habe. Das finde ich respektlos.«

- **Es soll klar und sachlich formuliert sein, und nachvollziehbar.**
- **Feedback** vermutet und interpretiert nicht, sondern **bezieht sich auf konkrete Beobachtungen.**
- **Feedback nimmt auf den Empfänger Rücksicht.** Auf seine Fähigkeiten, sein Alter und sein Wesen. Es ist einfühlsam.

- **Feedback ist anwenderfreundlich.** Es lässt sich in die Tat umsetzen.
- **Im Feedback werden die entscheidenden Fragen gestellt und die aktuelle Leistung auf Verbesserungsmöglichkeiten überprüft.** Immer und immer wieder, bis der Spieler selbst in der Lage ist, sich einzuschätzen und sich zu korrigieren.

Bewusstes Training prägt sich ein.

Ein Torwart, der hohe Flankenbälle besser fangen lernen will, muss ein klares inneres Bild davon aufbauen, wie er sich in kleinen Schritten zum Ball bewegt, wie er zum Stemmschritt ansetzt und mit einer Armbewegung den Sprung unterstützt. Mit dieser mentalen Repräsentation speichert er ab, wie sich sein Körper und die Dynamik beim Sprung anfühlen. Unsere mentalen Bilder entwickeln sich im Einklang mit unseren Trainingsfortschritten. Sie werden differenzierter, detaillierter und wirkungsvoller.

Im Falle des Torwarts bedeutet dies: Je besser er wird, umso besser wird auch seine innere Repräsentation der Situation. Wenn es darauf ankommt, kann er schneller und wirksamer auf die Spielsituation reagieren.

Mentale Bilder helfen uns auch in Konfliktsituationen mit unseren Kindern. Wenn wir uns unser Idealverhalten als Erzieher einprägen, haben wir es in den entscheidenden Situationen parat. Wenn unsere letzte Aktion ein wilder, lautstarker Ritt durch das unordentliche Zimmer unseres Sohnes war, brauchen wir eine mentale Vorlage, die uns als ruhige, aber konsequente Autorität zeigt. Es ist erwiesen, dass die Summe und das Niveau unserer mentalen Bilder bestimmen, was wir leisten können.

Erfolge motivieren.

Unsere Motivation leitet sich von unseren Motiven ab. Eines der stärksten Motive der Welt ist die Liebe, insbesondere die Elternliebe. Vermutlich hat dieses tiefe umfassende Gefühl Sie dazu veranlasst, dieses Buch zu kaufen. Vielleicht wurden Sie zusätzlich noch von Ängsten, Sorgen oder Problemen motiviert, von Neugierde, Lernwillen und dem Ziel, Ihr Kind auf seinem Weg zur glücklichen, erfolgreichen Persönlichkeit bestmöglich zu unterstützen. Ganz sicher haben Sie Ihre Beweggründe gehabt, um dieses Buch zu kaufen. Jede menschliche Handlung beruht auf Motivation.

Egal, ob wir uns im Fitnessclub angemeldet haben, unsere Schusstechnik verbessern wollen oder unsere Erziehungsmethoden, am Anfang unseres Trainings steht die Motivation begeistert bereit und zieht uns mit. Sobald sich die ersten schnellen Erfolge einstellen, tankt sie neue Energie und treibt uns weiter. Wenn die Leistung allerdings stagniert, das Gewicht nicht von den Hüften schmilzt, die Nerven blankliegen und die Bälle nicht wie bei Ronaldo rollen, droht unsere Motivation sich zurückzuziehen. Oft reichen bereits kleine Rückschläge und Verletzungen, um Kindern die Motivation zu nehmen. Am Deutschen Fußball Internat haben wir in diesem Fall ein Motto: »Ich komme stärker zurück als je zuvor.« Fallen Kinder verletzungs- oder krankheitsbedingt länger beim Training aus und wollen aufgeben, weil sie nach der Zwangspause im Training schlechter spielen, gilt die Ansage: Du darfst aufhören, aber erst, wenn du wieder so gut bist, wie du vor der Pause warst. Die Erfahrung zeigt, sobald Kinder ihr altes Niveau erreicht haben, kehrt die Motivation zurück, und ans Aufhören wird nicht mehr gedacht.

Als Eltern und Trainer haben wir zwei Möglichkeiten, wenn die Motivation bei unseren Kindern nachlässt.

Wir schwächen die Gründe fürs Aufgeben oder stärken die Gründe fürs Weitermachen. Erfolgreiche Motivationstechniken beinhalten beides und arbeiten auf mehreren Ebenen. Immer schließen sie feste Übungszeiten, das Verlassen der Komfortzone und Feedback ein. Damit sind motivationserhaltende Fortschritte und Erfolge garantiert.

Wenn Trainer, Eltern, Geschwister, Freunde und Teammitglieder den Kindern Anerkennung, positives Feedback und Bewunderung zollen, sprudelt eine der stärksten menschlichen Motivationsquellen, die sogenannte »soziale Motivation«. In sehr vielen Fällen sind es Eltern oder Geschwister, die eine Grundmotivation bei ihren Kindern aufbauen, indem sie das Interesse für ein Thema wecken. Es ist kein Zufall, dass Musiker oft aus Musikerfamilien kommen und Fußballer aus Fußballerfamilien. Eltern stecken Kinder mit ihrer eigenen Hingabe und ihrer Begeisterung an. Sie sind es, die in vielen Fällen das Spiel anpfeifen und durch Motivation am Laufen halten. Doch manchmal müssen sie die rote Karte ziehen.

Rote Karten sind Trümpfe.

Motivation, Anerkennung, Bewunderung und Feedback. Das klingt durchweg positiv, aber qualifiziertes Training braucht auch Stoppschilder. Rote Karten, die immer dann gezogen werden, wenn ein Spieler in die falsche Richtung läuft oder denkt. Wenn Sätze fallen wie »Das kann ich nicht!«, »Ich habe kein Talent!«, »Das schaffe ich nie!« – rote Karte! Und die Gegenfrage: »Wie kannst du es schaffen?«

Bewusstes Training verlangt nach voller Aufmerksamkeit und Konzentration. Um diese zu garantieren, empfiehlt es sich, lieber für eine kürzere Zeit auf hundertprozentigem Niveau zu trainieren als über einem längeren Zeitraum auf 70 Prozent. Eltern und Trainer müssen darauf achten, dass die Trainings- und Lernzeiten die Konzentrationsspanne der Kinder nicht übersteigen.

Gesund essen und ausreichend schlafen gehört dazu.

Nur wer gesund und wach ist, erzielt Trainingserfolge. Das erklärt sich von selbst. Wer lernen will, braucht ausreichend Schlaf und Lebensmittel, die diesen Namen verdienen. Trainer können darauf hinweisen, Eltern die Rahmenbedingungen schaffen, indem sie gesundes Essen einkaufen und auf vernünftige Ruhezeiten achten. Im Deutschen Fußball Internat schicken wir die Jungs unter 15 Jahren um 20.45 Uhr ins Bett und um 21.00 Uhr heißt es: Nachtruhe!

Training sollte eine gute Gewohnheit sein.

Wenn bewusstes Training zur guten Gewohnheit wird, können wir Außergewöhnliches erreichen. So wie wir unsere Kinder daran gewöhnt haben, täglich die Zähne zu putzen, können wir sie daran gewöhnen, jeden Tag Vokabeln zu lernen, ein Instrument zu üben oder sich regelmäßig zu bewegen. Gute Gewohnheiten strukturieren den Tag und erleichtern Eltern und Kindern das Leben.

Training macht alles möglich.

Wir gestalten unsere Möglichkeiten selbst, dazu brauchen wir kein Talent, nur Zeit, Motivation, einen guten Trainer, Feedback und Übung. Qualifiziertes und bewusstes Training führt auf nahezu jedem Gebiet zuverlässig zu Fortschritten bis hin zur Meisterschaft. In der Vergangenheit nahmen wir Menschen an, dass die Begabung über unser Schicksal und das unserer Kinder entscheidet. Heute wissen wir es besser. Trotzdem führt die überholte Annahme noch immer zu falschen Maßnahmen. Kinder, die in der Schule nicht gleich auf Anhieb brillieren, gelten schnell als Schulversager. Behäbige werden aus dem Sport gedrängt, und wer nicht auf Anhieb die richtigen Töne trifft, wird als unmusikalisch abgestempelt. Dagegen entwickeln junge Menschen, die von ihren Eltern, Lehrern und Trainern als begabt betrachtet und ermutigt werden, ihre Fähigkeiten in einem signifikant höheren Maß. Die sogenannte Begabung ist in Wahrheit oft eine selbsterfüllende Prophezeiung.

Das Ziel von uns Eltern und Trainern sollte sein, unseren Kindern zu vermitteln: Ihr könnt jede Fähigkeit, die ihr lernen wollt, lernen. Es wird nicht immer leicht sein, aber es wird sich lohnen. Das gilt selbstverständlich auch für uns Erwachsene. Qualifiziertes Training eignet sich für alle. Für jeden von uns, der Träume und Ziele hat: Egal, ob er Software programmieren, Saxophon spielen, Kinder erziehen oder Tore schießen will. Mit qualifiziertem Training verbessern wir uns Schritt für Schritt. Unsere Mentalität ist dabei unser wichtigster Begleiter.

Meistertraining heißt Mentalitätstraining.

Jetzt ist der richtige Zeitpunkt gekommen, um Ihnen die »11 Freunde« vorzustellen, die 11 Positionen des Mentalitätstrainings. Lernen Sie jede einzelne kennen, anhand des qualifizierten Trainingsplans, den wir für unsere jungen Spieler am Deutschen Fußball Internat erstellt haben.

Zinédine »Zizou« Zidane verhalfen diese 11 Freunde zum Erfolg, selbst wenn sein Vater sie vermutlich anders genannt hat. Als Erwachsener sagte Zidane: »Ich hatte die beste Erziehung der Welt. Ich habe nicht viel gehabt, aber fürs Herz habe ich alles bekommen.«

2. HALBZEIT

DIE STARTELF

Wie sind Sie und Ihre Kinder aufgestellt?

»Erkenne dich selbst! Prüfe deine Freunde!«

Wir wollen herausfinden, wie es um Ihre 11 Freunde fürs Leben steht: *Selbstvertrauen, Ziele, Tatkraft, Disziplin, Teamgeist, Dankbarkeit, Bildung, Verantwortung, Respekt, Kreabilität* und *Spielfreude*. Auf diesen Faktoren und Fähigkeiten wachsen Persönlichkeiten. Auf diese Freunde können wir in jeder Lebensphase zählen. Auch als Erwachsene.

Im Profifußball wird diese spezielle Elf unter dem Begriff »Mentalität« zusammengefasst.

Die Mentalität definiert die Spielerpersönlichkeit. Es ist wichtig zu wissen, wie sie aktuell aufgestellt ist.

Selbsterkenntnis ist der erste Schritt auf dem Weg zu einer starken Mentalität. Je früher dieser Schritt gegangen wird, umso weiter kann der Mensch kommen.

Mit dem Mentalitäts-Check »Deine Startelf« ermitteln wir am Deutschen Fußball Internat den Ist-Zustand. Wir haben diesen Check für unsere Schüler entwickelt und arbeiten damit seit Jahren erfolgreich.

Der 11-Freunde-Check hilft jungen Menschen, sich selbst einzuschätzen, und fördert damit ihre Selbstwahrnehmung. Mit zielgerichteten Fragen nimmt er die Persönlichkeit junger Menschen ernst und ermutigt sie, über sich selbst nachzudenken. Schließlich müssen nicht nur Trainer wissen, mit wem sie es zu tun haben, sondern auch die Spieler selbst. Wenn unsere Schüler ihre Startelf checken, weichen sie keinem Ball aus, sondern stellen sich mutig der Aufgabe. Es begeistert uns, wie ehrlich sich unsere Schüler einschätzen, auch wenn zuweilen in einzelnen Punkten die Selbstwahrnehmung von der Wahrnehmung der Trainer abweicht.

Wie steht es um die 11 Freunde Ihrer Kinder? Finden Sie es gemeinsam mit Ihrer Tochter oder Ihrem Sohn heraus.

Den Mentalitäts-Check der 11 Freunde geben wir Ihnen als Trainingsmaterial auf den folgenden Seiten an die Hand.

Die Spielregel: Lassen Sie Ihrem Kind freien Lauf. Bewerten Sie die Antworten nicht, sondern schätzen Sie die Ehrlichkeit, mit der Ihr Kind die Fragen beantwortet. Jede Antwort ist gut. Der 11-Freunde-Check ist kein Zeugnis, sondern ein Hilfsmittel, ein Lernbegleiter. Unabhängig von den Antworten bringt der 11-Freunde-Check den Ball zuverlässig ins Rollen, das versichern wir Ihnen aus Erfahrung. Lassen Sie den Ball frei laufen. Es ist der richtige Moment dafür. Die Zeit für hilfreiches Feedback kommt später.

Was wir für Kinder konzipiert haben, hilft auch Müttern und Vätern weiter. Wir wiederholen an dieser Stelle gerne: Eltern haben Vorbildfunktion, und die Persönlichkeit will in jedem Alter wachsen. Gehen Sie mit einem guten Beispiel in Führung. Frei nach dem legendären Komiker Karl Valentin:

»Wir brauchen unsere Kinder nicht zu erziehen, sie machen uns sowieso alles nach.«

Fühlen Sie sich herzlich eingeladen, Ihre eigenen 11 Freunde zu checken, bevor sie mit Ihren Kindern dieses Spielfeld erobern. Die besten Trainer wissen, wovon sie reden, weil sie es selbst praktiziert haben.

EINWURF. SCHLUSS MIT SIEZEN.

Du, weil wir in einem Team spielen

»Klatsch ein, Headcoach!«

Liebe Mütter, liebe Väter,
jetzt steigen wir in die praktische, methodische Arbeit ein, mit den 11 Freunden der Mentalität und den »Best Mentality Drills«. Letztere sind gezielte Übungseinheiten, um die 11 Freunde zu trainieren.

Vorher wollen wir Ihnen gerne noch das »Du« anbieten und Sie Ihrerseits darum bitten. Diese vertrauensvolle Ansprache erscheint uns angemessen, schließlich spielen wir im selben Team und streben ein Ziel an: die Meisterschaft in der Erziehung. Wir wollen die Mentalität unserer Kinder aufbauen, stärken und trainieren. Und unsere eigene dazu. Erziehung beginnt im Kopf – bei Eltern wie bei Kindern.

Das »Du« betont, dass wir nicht alleine auf dem Platz stehen, sondern zusammen. Wir sind ein Team, wir haben die 11 Freunde und wir haben Techniken und Methoden, die »Best Mentality Drills«. Wir gehen ran an die Themen, bleiben am Ball und holen uns den Pokal. Das gelingt nur, wenn wir persönlich werden. Coaching ist immer persönlich. Und Trainer sind traditionell untereinander ohnehin per Du.

Wir hoffen deshalb, Sie sind einverstanden, dass wir an dieser Stelle zum Du übergehen. Auf dem Platz kommt Nähe ins Spiel, hier geht es zur Sache. Hier spielen ich, du, wir! Zusammen!

Bist du bereit? Dann klatsch ein, Headcoach! Wir freuen uns auf das Training!

Thomas mit Erika

AUFSTELLUNG

Die 11 Freunde

Liebe Spielerin, lieber Spieler,
du hast von Geburt an 11 Freunde, die mit dir auf die verschiedenen Spielfelder des Lebens laufen. Mit diesen 11 Freunden kannst du Herausforderung bewältigen, deine Ziele erreichen und Meisterschaften gewinnen. Du kannst auf deine 11 Freunde vertrauen, denn es sind starke Typen, geborene Macher. Ihre einzige Bedingung: Du musst sie trainieren und im Spiel halten.

Lass uns deine 11 Freunde beim Namen nennen: Sie heißen Selbstvertrauen, Ziele, Tatkraft, Disziplin, Teamgeist, Dankbarkeit, Bildung, Verantwortung, Respekt, Kreabilität – Kreativität und Flexibilität – und Spielfreude.

Auf diesen Faktoren und Fähigkeiten wächst deine Persönlichkeit. Mit diesen 11 Freunden bestimmst du, wie dein Leben läuft.

Diese Freunde spielen in deinem Kopf. Es lohnt sich also, deine 11 Freunde aufzubauen und zu trainieren, denn du bist immer nur so stark wie dein Kopf.

Wenn du bereit bist, entwickeln wir gemeinsam deine 11 Freunde zu deinem Dream-Team. Wir sind an deiner Seite, coachen dich und verstehen unsere Aufgabe darin, dass du am Ende der Trainingsphase fitter, stärker und glücklicher bist als jemals zuvor. Das bedeutet konkret, dass du

- über mehr **Selbstvertrauen** verfügst,
- deine wahren **Träume und Ziele** gefunden hast,
- an **Mut und Tatkraft** gewonnen hast,

- die **Disziplin** entwickelt hast, die notwendig ist, um jeden einzelnen Tag zu tun, was zu tun ist,
- realisiert hast, dass es nur mit **Teamgeist** möglich ist, an die Spitze zu kommen,
- tiefe **Dankbarkeit** verspürst, für dein Leben und deine grenzenlosen Möglichkeiten,
- erkannt hast, wie wichtig **Bildung und Kompetenz** ist,
- verinnerlicht hast, dass du allein die **Verantwortung** für dein Denken, dein Handeln und deine Ergebnisse trägst,
- dir und jedem anderen Menschen mit **Respekt** begegnest,
- gelernt hast, was **Kreabilität** bedeutet und bewirkt,
- mit **Spaß, Spielfreude, Begeisterung und Motivation** täglich deine Ziele verwirklichst.

Am Anfang des Trainings wollen wir sehen, wie deine Startelf aufgestellt ist. Mit dem folgenden 11-Freunde-Check findest du heraus, wie stark deine einzelnen Teammitglieder auf ihren Positionen sind. Die Antworten kannst nur du geben, schließlich sind es deine 11 Freunde. Sei ehrlich zu dir! Wie steht es um deine 11 Freunde? Checke deine Startelf!

DEINE 11 FREUNDE FÜR DAS SPIEL DES LEBENS

Der DFI-Mentalitäts-Check

Selbstvertrauen, Ziele, Tatkraft, Disziplin,
Teamgeist, Dankbarkeit, Bildung, Verantwortung, Respekt,
Kreabilität und Spielfreude

Dein Name: ....

1. Selbstvertrauen: Dein Spielmacher

Glaubst du unerschütterlich an dich oder zweifelst du oft an deinen Fähigkeiten? Weißt du, dass du Herausforderungen meistern kannst oder hast du eher Angst vor neuen, ungewohnten Situationen? Traust du dir zu, dein Leben erfolgreich zu gestalten? Glaubst du an deine Träume? Bist du davon überzeugt, deine Ziele verwirklichen zu können? Vertraust du dir bedingungslos?

Wie stark ist dein Selbstvertrauen wirklich?

Von 1: »Selbstvertrauen, noch nie gespürt.«
bis 11: »Egal, was immer auch geschieht, ich werde mein Leben meistern.«

Wenn dein Selbstvertrauen in verschiedenen Bereichen, wie zum Beispiel Schule und Sport, unterschiedlich stark ausgeprägt ist, dann wähle einen Durchschnittswert. Kreuze an:

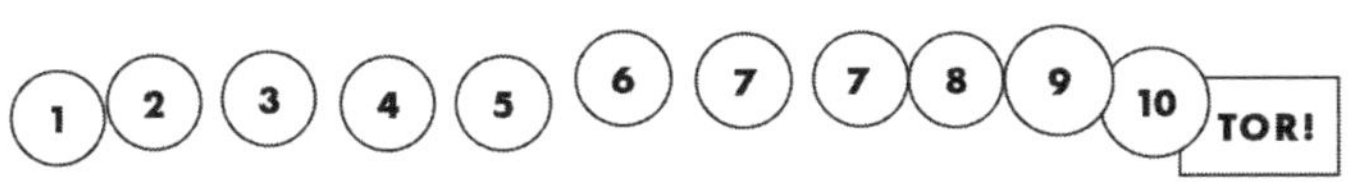

»Vertraue auf dich! Du schaffst, was du wirklich willst!«

1. Ziele: Dein Führungsspieler

Weißt du, wo dein Tor steht? Wie willst du deine Zukunft gestalten? Was willst du im Leben erreichen? Wofür schlägt dein Herz? Schwirren dir unklare Träume im Kopf herum, oder hast du dir bereits konkrete Ziele gesetzt, zum Beispiel für die Schule, deinen Sport und deinen späteren Beruf? Hast du diese Ziele aufgeschrieben und genau formuliert? Weißt du, welche Techniken du benutzen kannst, um deine Ziele zu erreichen, oder überlässt du sie dem Zufall? Arbeitest du jeden Tag daran, deine Ziele zu erreichen?

Welche Ziele willst du wirklich erreichen?

Hast du motivierende Ziele?

Von 1: »Was bitte sind motivierende Ziele und Handlungspläne?«
bis 11: »Ich habe schriftliche Ziele und einen konkreten Aktionsplan, den ich täglich umsetze!«

Wenn dir in verschiedenen Bereichen unterschiedlich gut Ziele setzen kannst, dann wähle einen Durchschnittswert. Kreuze an:

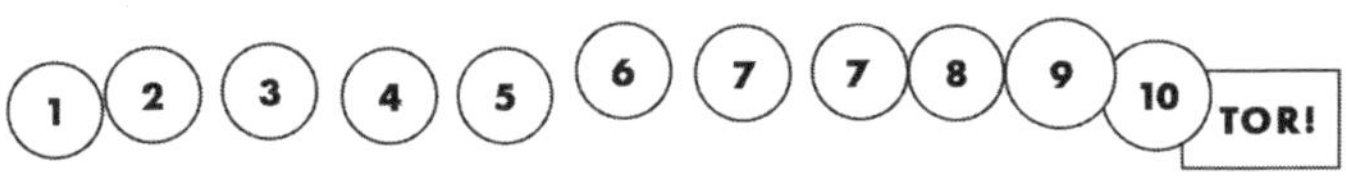

»Wenn ich dir nur eine Sache wünschen dürfte, dann ein brennendes Ziel, alles andere kommt von alleine!«

3. Tatkraft: Dein Offensivspieler

Packst du Herausforderungen und Aufgaben entschlossen an? Setzt du deine Ideen um? Ergreifst du deine Chancen? Nutzt du Gelegenheiten? Machst du deine Träume möglich? Gilt für dich das Motto »Just do it!« (»Mach's einfach!«) oder »Erst mal abwarten, und dann mal sehen«? Was ist typischer für dich: handeln oder zögern? Machst du auch vor Problemen nicht Halt? Nimmst du dein Leben in die Hand? Bist du mutig und aktiv? Hast du Tatkraft in deinem Kopf und in deinen Muskeln?

Bist du ein Macher?

Von 1: »Meine Tatkraft, noch nie gespürt.«
bis 11: »Ich bin der geborene Macher und packe alles mit einer riesigen Portion Tatkraft an.«

Wenn deine Tatkraft in verschiedenen Bereichen, wie zum Beispiel Schule und Sport, unterschiedlich stark ausgeprägt ist, dann wähle einen Durchschnittswert. Kreuze an:

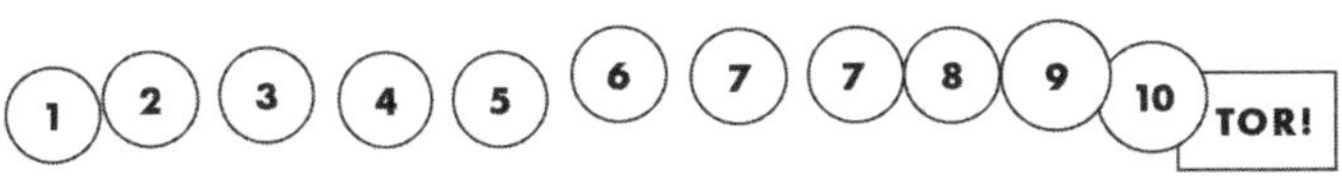

»Träume ohne Tatkraft sind wie ein Sportwagen ohne Motor!«

4. Disziplin: Dein Innenverteidiger

Schaffst du es, dich an Abmachungen und Regeln zu halten? Erfüllst du deine Aufgaben zuverlässig? Erledigst du jeden Tag diszipliniert, was zu tun ist, um deine Ziele zu erreichen? Bist du pünktlich? Achtest du auf deinen Körper? Ernährst du dich gesund? Schläfst du ausreichend, oder hängst du spätnachts noch am Smartphone? Kümmerst du dich um deine Pflichten, von den Hausaufgaben bis zum Aufräumen deines Zimmers? Bringst du Angefangenes zu Ende, oder neigst du dazu, Dinge aufzuschieben? Bleibst du am Ball, auch wenn es anstrengend wird?

Wie diszipliniert bist du?

Von 1: »Disziplin? Darum kümmere ich mich ein anderes Mal.«
bis 11: »An der Disziplin erkennst du den Willen. Ich bin außerordentlich diszipliniert.«

Wenn deine Disziplin in verschiedenen Bereichen, wie zum Beispiel Schule und Sport, unterschiedlich stark ausgeprägt ist, dann wähle einen Durchschnittswert. Kreuze an:

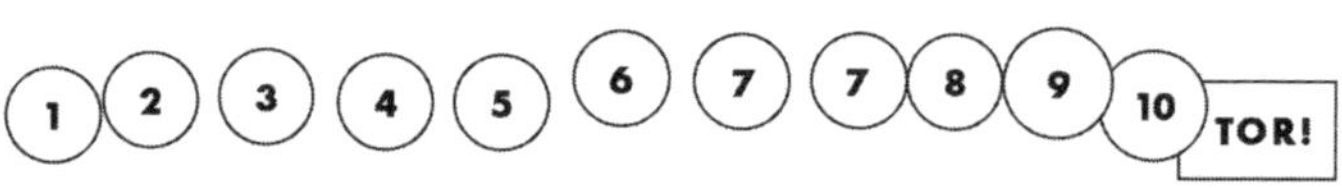

»Disziplin ist die Fähigkeit, jeden Tag zu tun, was getan werden muss.«

5. Teamgeist: Dein Verbindungsspieler

Was ist dir wichtiger: deine eigene Show oder der Mannschaftserfolg? Gibst du Bälle ab? Verhältst du dich fair? Unterstützt und motivierst du deine Mitmenschen?

Kann man sich auf dich verlassen? Schaffst du es, Menschen aufzubauen, wenn es schlecht läuft? Verbreitest du gute Stimmung? Würden dich deine Freunde als Teamplayer beschreiben? Ist dir klar, dass große Erfolge immer eine Gemeinschaftsleistung sind? Machst du es deinen Eltern, Lehrern, Trainern und Freunden leicht, dich zu unterstützen und zu fördern? Wie verhältst du dich in deiner Familie? Wie benimmst du dich in deiner Schulklasse?

Bist du ein echter Teamplayer?

Von 1: **»Die anderen interessieren mich nicht. Ich ziehe mein Ding lieber alleine durch.«**

bis 11: **»Ich bin ein überzeugter Teamplayer. Einer für alle! Alle für einen!«**

Wenn deine Qualitäten als Teamplayer in verschiedenen Bereichen, wie zum Beispiel Schule und Sport, unterschiedlich stark ausgeprägt sind, dann wähle einen Durchschnittswert. Kreuze an:

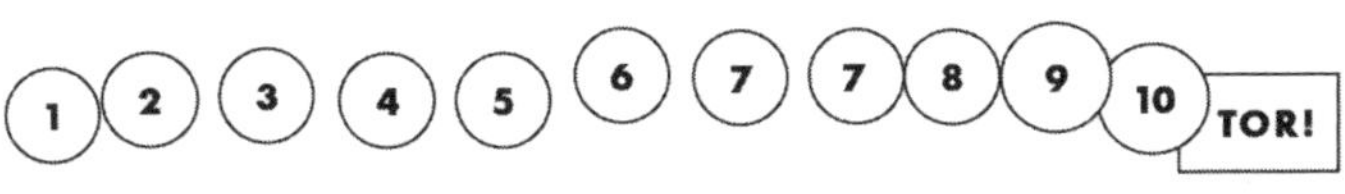

»Große Ziele werden im Team erreicht!«

6. Dankbarkeit: Dein Vorbereiter

Bist du dankbar für deinen guten Alltag? Du lebst in einem friedlichen Land, wirst jeden Tag satt, hast ein Dach über dem Kopf und Eltern, die dich lieben. Du darfst zur Schule gehen und lernen. Du kannst dein Leben nach deinen Vorstellungen gestalten. Du hast das große Los gezogen! Schätzt du dieses Glück und deine Möglichkeiten, oder betrachtest du es als Selbstverständlichkeit? Kannst du dich aufrichtig freuen, oder meckerst du ständig herum? Weißt du, dass Dankbarkeit, Glück und Erfolg zusammenhängen? Bedankst du dich regelmäßig bei Eltern, Lehrern, Trainern oder Mentoren für deren Unterstützung? Bedankst du dich im Restaurant, beim Einkaufen und anderen Gelegenheiten? Drückst du Dankbarkeit für deine Chancen aus, indem du sie nutzt?

Wie dankbar bist du?

Von 1: »Dankbar, wofür?«
Bis 11: »Ich bin ein Glückskind! Ich sehe das Gute in meinem Leben und bin zutiefst dankbar dafür.«

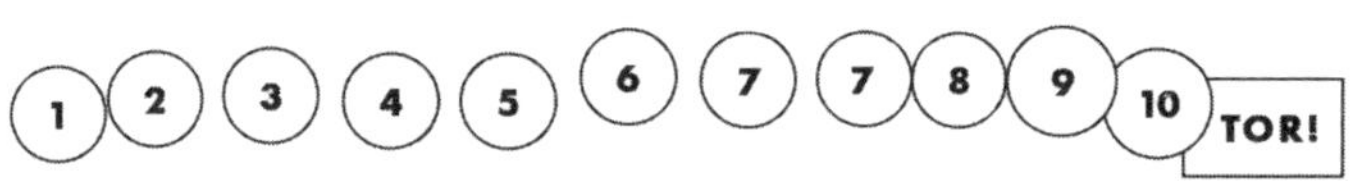

»Wer dankbar erkennt, was er hat, kann erreichen, was immer er will.«

7. Bildung: Dein Torjäger

Willst du die Welt so gut wie möglich verstehen? Stellst du gerne Fragen? Bist du neugierig und interessiert? Lernst du begeistert dazu? Forderst du deinen Verstand, oder lässt du ihn im Sparmodus laufen? Denkst du gerne selbst, oder lässt du lieber andere für dich denken? Betrachtest du die Schule als Zeitverschwendung, oder holst du das Beste für dich und dein Leben heraus? Nutzt du deine Intelligenz, oder bleibst du hinter deinen Möglichkeiten zurück? Lernst und trainierst du bewusst? Erweiterst du ständig dein Wissen und deine Fähigkeiten, um deine Ziele zu erreichen? Denkst du international und lernst motiviert eine andere Sprache? Liest du regelmäßig gute Bücher? Lernst du begeistert dazu?

Willst du es wirklich wissen?

Von 1: »Was weiß ich denn? Nichts! Und ich will auch nichts wissen!«
bis 11: »Wissen ist Macht! Klar lerne ich! Ich bin doch nicht blöd!«

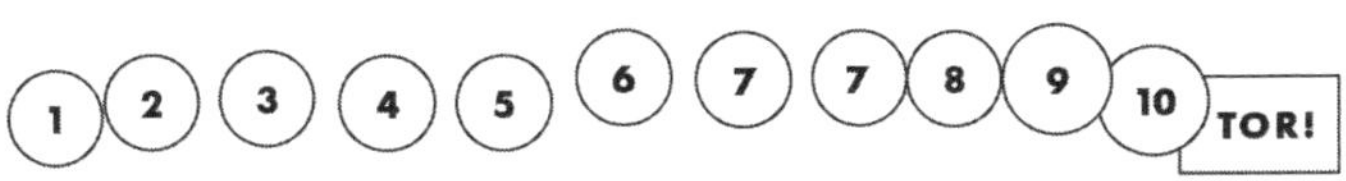

»Wer aufhört besser zu werden, hat aufgehört gut zu sein.«

8. Verantwortung: Dein Kapitän

Hast du bereits erkannt, dass du für dich selbst verantwortlich bist? Nimmst du dein Leben in die Hand? Oder lässt du dich lieber von anderen lenken? Entschuldigst du dich für Fehler, oder suchst du die Schuld bei anderen? Bist du ehrlich zu dir selbst? Hast du die Folgen deines Verhaltens im Blick? Bist du in der Lage, über den Moment hinaus zu denken? Haben die Menschen Vertrauen zu dir, weil sie wissen, du wirst deiner Verantwortung gerecht? Bist du bereit, Verantwortung in einem Team zu übernehmen? Gehst du verantwortungsvoll mit deinen Fähigkeiten um? Betrachtest du dich als dein eigener Kapitän?

Übernimmst du für dich, dein Verhalten und deine Ergebnisse die Verantwortung?

Von 1: »Verantwortung? Darum sollen sich andere kümmern!«
bis 11: »Selbstverständlich übernehme ich die Verantwortung für mein Handeln und meine Ergebnisse. Auf mich ist Verlass!«

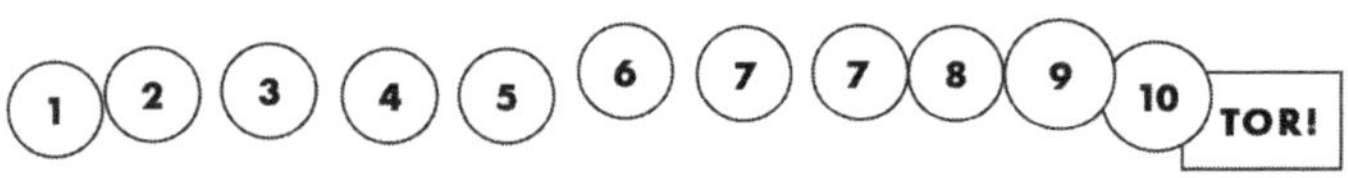

»Du bist verantwortlich für das, was du tust, aber auch für das, was du nicht tust.«

9. Respekt: Dein Stammspieler

Verhältst du dich höflich und respektvoll? Auch, wenn du einen Menschen nicht magst oder er schwächer ist als du? Beleidigst du andere und machst sie nieder, um dich selbst besser zu fühlen? Gestehst du jedem seine eigene Meinung zu? Wie verhältst du dich Menschen gegenüber, die anders sind als du oder anders leben wollen? Wie reagierst du auf Ansagen deiner Eltern, deiner Lehrer und deiner Trainer? Wie sprichst du über andere, wenn sie nicht in der Nähe sind?

Bist du grundsätzlich respektvoll und wertschätzend oder missgünstig, neidisch und negativ? Zeigst du Respekt vor den Leistungen anderer?

Hast du Respekt vor der Umwelt, der Natur und vor Lebensmitteln? Wie gehst du mit Dingen um, die anderen gehören?

Wie respektvoll bist du? Zeigst du Respekt?

Von 1: »Respekt? Der kann mich mal.«
bis 11: »Respekt, Höflichkeit und Toleranz sind für mich eine Selbstverständlichkeit!«

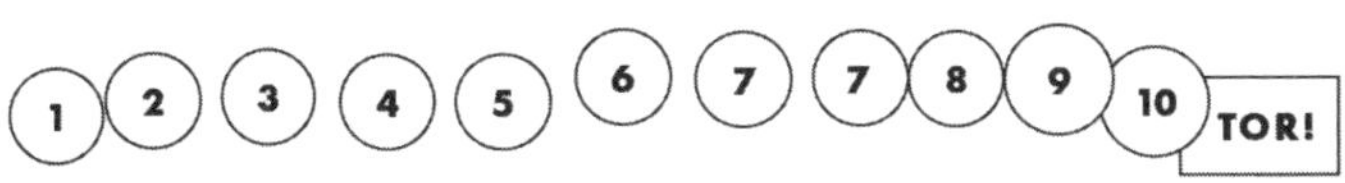

»Wer Respekt zeigt, kann auch Respekt erwarten!«

10. Kreabilität: Dein Genie

Den Begriff »Kreabilität« habe ich für unsere Schüler am Deutschen Fußball Internat geschaffen. Er verbindet Kreativität und Flexibilität. Er beschreibt unser Vermögen, Ideen zu spinnen, über die Seitenlinien hinaus zu denken und flexibel zu reagieren.

Wie kreativ und flexibel bist du? Hast du viele Ideen? Findest du neue Wege? Fällt dir immer eine Lösung ein? Kannst du improvisieren? Stellst du dich leicht auf neue Situationen ein? Wie reagierst du, wenn nicht alles nach Plan läuft? Machst du dich frustriert vom Acker, oder entwirfst du einen neuen Plan? Wie einfallsreich bist du? Wie anpassungsfähig bist du?

Wie kreativ und flexibel bist du? Wie kreabil bist du?

Von 1: **»Ich habe keine Ideen und hasse Veränderungen!«**
bis 11: **»Mir mangelt es nie an Ideen, und ich liebe es, neue Pläne zu entwickeln. Neue Situationen beflügeln mich.«**

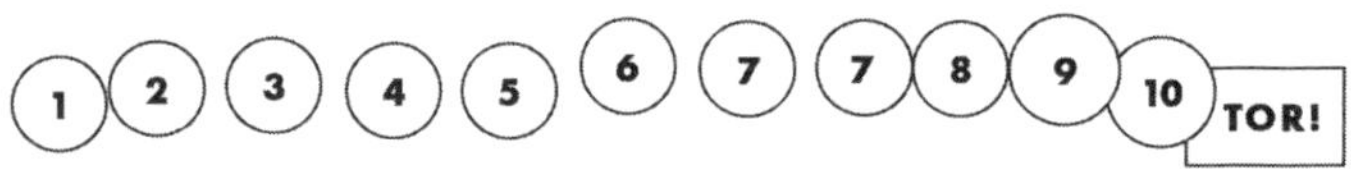

»Du allein entscheidest, ob Du ein Meister der Kreabilität oder ein Opfer der Veränderung sein willst!«

11. Spielfreude: Dein Allrounder

Hast du Freude an deinem Leben? Bist du meistens gut drauf? Katapultiert dich deine Begeisterung am Morgen förmlich aus dem Bett? Freust du dich auf den Tag? Bist du optimistisch und erwartest das Beste? Gehst du deine Aufgaben mit guter Laune an? Verfolgst du deine Ziele schwungvoll und fröhlich?

Hast du Spaß an deinem Tagesablauf, oder schleppst du dich träge durch Schule, Training und Freizeit? Lösen die Gedanken an deine Ziele positive Gefühle bei dir aus oder negativen Druck? Genießt du es, deine Ziele zu verwirklichen, oder empfindest du die Arbeit daran als Belastung?

Bist du lebensfroh? Bist du fröhlich?

Von 1: »Über was soll ich mich freuen?«
bis 11: »Spielfreude ist mein Ding! Ich habe Spaß an meinen Aufgaben und freue mich über mein Leben!«

Wenn deine Spielfreude in verschiedenen Bereichen, wie zum Beispiel Schule und Sport, unterschiedlich stark ausgeprägt ist, dann wähle einen Durchschnittswert. Kreuze an:

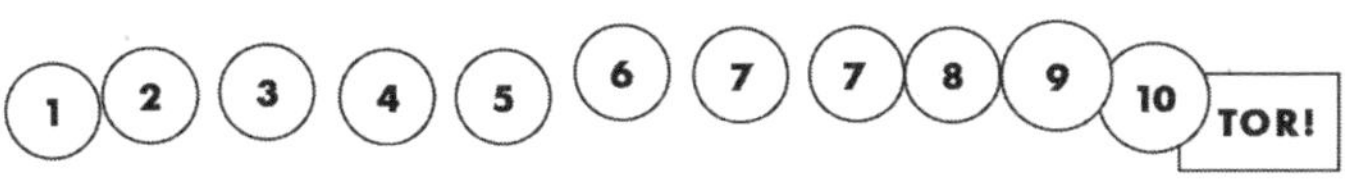

»Nur mit Spaß und Freude sind dauerhaft Spitzenleistungen möglich!«

Übertrag jetzt deine Ergebnisse in diesen Ball.

Name: ....

Datum: ....

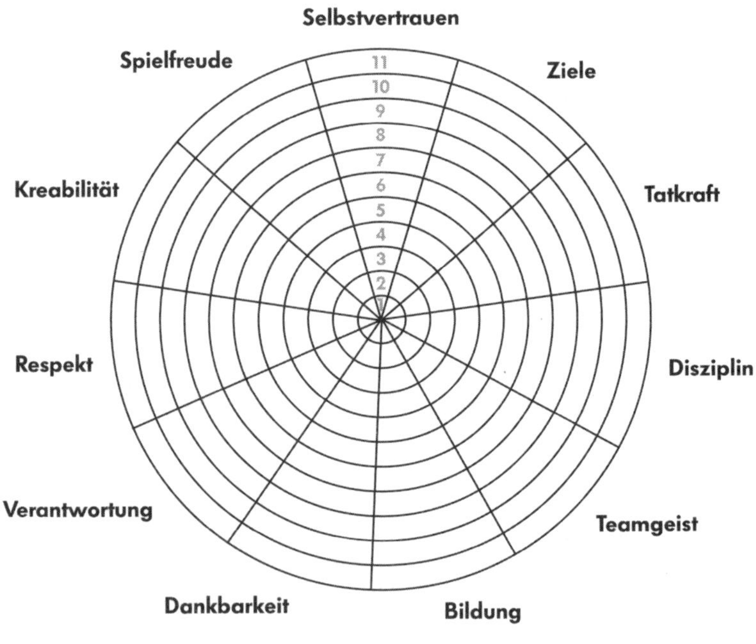

SELBSTVERTRAUEN: DEIN SPIELMACHER

Mit Selbstvertrauen ist alles möglich.
Kabinenansprache

»Vertraue auf dich!«

Ich erinnere mich an Lukas. Der Junge nahm an einem meiner Fußballcamps teil, ein kluger, gewitzter und freundlicher Elfjähriger. Schnell zeigte sich, dass er über ein großartiges Ballgefühl verfügte. Lukas dribbelte die anderen schwindlig, passte zielgenau und schien wie Thomas Müller zu wittern, welchen Weg der Ball nehmen würde. Trotzdem gelang Lukas im Abschlussspiel kein Tor. Nach dem Match schlich er mit hängenden Schultern vom Platz und schimpfte: »Ich bin so ein Loser. Wenn es darauf ankommt, vermassle ich es immer.«

Lukas hatte alles, um auf dem Fußballplatz und im Leben zu bestehen, bis auf den entscheidenden Faktor: Selbstvertrauen. Das tiefe und starke Vertrauen in die eigenen Fähigkeiten und Möglichkeiten. Die innere Gewissheit: »Ich erreiche, was ich mir vorgenommen habe.« Diese unerschütterliche Überzeugung bestimmt unsere Geschicke.

Egal, ob wir glauben, etwas zu können, oder ob wir glauben, es nicht zu können. Letztendlich werden wir recht behalten.

Das wichtigste Urteil, das wir fällen, ist das Urteil über uns selbst. Fällt es positiv aus, stärkt es unser Selbstvertrauen wie Training einen Muskel. Durch ein negatives Urteil verliert es an Masse. Dieser Vergleich hilft unseren sportlichen Jungs am DFI zu verstehen, welchen Einfluss sie selbst auf ihr Selbstvertrauen haben. Mit einem stabilen Selbstvertrauen können wir unsere Ziele in Angriff nehmen und unsere Träume verwirklichen.

Das Selbstvertrauen leistet für unsere Psyche, was Muskeln für den Körper leisten. Es hält uns aufrecht und ermöglicht uns Bewegung. Hier ist unsere Kraft gespeichert. Unser Selbstvertrauen ist das Kraftzentrum unserer Mentalität.

Unser Selbstvertrauen beeinflusst maßgeblich, wie erfolgreich unser Leben verläuft, was wir uns zutrauen, worauf wir unsere Aufmerksamkeit lenken und wie wir mit Ängsten und Niederlagen umgehen. Selbstvertrauen ist fundamental wichtig für die Persönlichkeitsentwicklung. Doch wie lässt es sich Kindern vermitteln?

Bei Lukas aus dem Fußballcamp ebnete Meister Yoda den Weg zum Tor. Der Junge war ein großer Star-Wars-Fan. Nach dem verlorenen Spiel nahm ich ihn beiseite und stellte ihm die Frage: »Was haben Fußballer und Jedi-Ritter gemeinsam? Was haben wir alle gemeinsam?«

Ich erklärte ihm Selbstvertrauen mit seinen Helden: Wir alle tragen die Macht in uns, von der Meister Yoda spricht, wenn er sagt: »Möge die Macht mit dir sein.« Diese Macht hilft uns, Schwierigkeiten zu bewältigen, Chancen zu nutzen und unsere Ziele zu erreichen. Sie bestimmt, was wir uns zutrauen und schaffen können. Egal, ob es um ein entscheidendes Tor, eine Mathe-Note oder eine andere Herausforderung geht. Wir Menschen nennen diese Macht »Selbstvertrauen«

Wir alle wurden mit dem Gefühl geboren: Ich kann es schaffen! Ohne dieses genetisch verankerte Vertrauen in die eigenen Fähigkeiten würden wir Menschen uns nicht nach jedem Sturz immer wieder aufrappeln, bis wir endlich unsere eigenen Wege gehen können. Trotzdem bewegen wir uns später mit unterschiedlich großem Selbstvertrauen durchs Leben. Während die einen davor strotzen, scheinen die anderen kaum über ein Mindestmaß zu verfügen.

Das liegt daran, dass unser Selbstvertrauen das Ergebnis einer Entwicklung darstellt. Viele Faktoren wirken auf die Entwicklung des Selbstvertrauens ein: unser genetisches Startpaket, unsere persönlichen Erfahrungen, die Art und Weise, wie unsere Eltern mit uns umgegangen sind, welches Feedback wir erhalten haben und welches Bild wir unter all diesen Einflüssen von uns selbst gezeichnet haben.

Der Pegel unseres Selbstvertrauens zeigt jedoch immer nur eine Momentaufnahme. Er lässt sich verändern, stärken und aufbauen. Sein Wachstumspotenzial lässt sich in jeder Lebensphase nutzen, von unseren ersten Momenten bis ins hohe Alter hinein.

In der Kindheit spielen wir Eltern die prägende Rolle. Im Idealfall ermutigen wir unsere Kinder mit Liebe und Vertrauen, doch nicht alle Mütter und Väter sind für die große Aufgabe gerüstet, sondern werden oft unvorbereitet in diese Herausforderung hineinkatapultiert und wenden mit den besten Absichten manchmal die schlechtesten Mittel an: Sie schimpfen, statt zu erklären, sie kritisieren, statt zu ermutigen, sie verurteilen, statt zu verstehen, und sie demütigen, statt aufzubauen. Mit derartigem Verhalten wird das Selbstvertrauen von Kindern geschwächt, im schlimmsten Fall sogar zerstört. Wir Erwachsenen unterliegen manchmal dem Irrglauben, unsere Kinder anzuspornen, indem wir ihnen ihr »Versagen« vor Augen führen. In diesem Moment arbeiten wir mit Scham, Demütigung und Angst. Dadurch zerstören wir die Motivation, Spielfreude und das Selbstvertrauen unserer Kinder. Langfristige Erfolge und Lebensglück lassen sich so nicht erzielen. Im Gegenteil.

Warum zerstören so viele Eltern das Selbstvertrauen ihrer Kinder? In den meisten Fällen lässt sich das auf eigene Vorbilder zurückführen. Geschichte neigt auch in Familien zu Wiederholungen, insbesondere in der Erziehung.

Es wäre ein Leichtes, diese Mütter und Väter zu verurteilen und sich dabei selbstzufrieden auf die Schulter zu klopfen, aber fair wäre es nicht. Diese Eltern geben den Schmerz unbewusst und ungewollt weiter, den sie selbst als Kind erfahren haben, obwohl sie von Herzen das Beste für ihre Kinder wollen und in ihrem Inneren oft spüren, dass es bessere Wege gibt.

An dieser Stelle: Ein großes Kompliment und Hoch auf die Mütter und Väter, die ihre destruktiven Muster erkennen, Verantwortung übernehmen, etwas ändern wollen, sich informieren und weiterentwickeln.

Es ist nie zu spät, das eigene Selbstvertrauen zu stärken, und je früher Eltern damit beginnen, desto eher profitieren auch ihre Kinder davon. Wie gut sich Kinder entwickeln, deren Eltern ihrem Selbstvertrauen Rückendeckung geben, zeigt sich am Beispiel des Nationalspielers Joshua Kimmich. Von seinem Vater erzählt er: »Er hat mich nie großartig kritisiert. Wenn er zufrieden war, dann hat er gesagt: ›Heute war's gut!‹, und wenn es nicht so gut war, hat er einfach gar nichts gesagt.« Joshua Kimmich wuchs mit liebevollen und engagierten Eltern auf. Es ist kein Zufall, dass er heute über viel Selbstvertrauen und eine starke Mentalität verfügt. Sein Erfolgsmotto: »Immer an sich glauben!«

»Ohne Selbstvertrauen ist man zwei Klassen schlechter«, bestätigt auch Mats Hummels. Das gilt auf dem Platz wie im Leben. Ob Sportlerin, Wissenschaftler, Künstlerin, Familienmanager, Trainerin oder Lehrer, mit einem starken Selbstvertrauen machen wir alle einen besseren Job, während wir mit einem schwachen Selbstvertrauen zwangsläufig hinter unseren Möglichkeiten zurückbleiben.

Indem du das Selbstvertrauen deiner Kinder stärkst, legst du das Fundament für die positive, gesunde Entwicklung deiner Kinder und für eine starke Mentalität.

Menschen mit großem Selbstvertrauen sind selten zögerlich, sondern nutzen ihre Chancen. Sie ergreifen die Initiative und fürchten sich nicht vor Fehlern, sondern lernen daraus. Dadurch erreichen sie ihre Ziele.

Doch mehr als um Ziele und Erfolge geht es um den Menschen. Eine starke, selbstbewusste Persönlichkeit findet sich auf jedem Spielfeld des Lebens zurecht, auf Rasen, auf feinem Parkett oder in Vorstandsetagen. Zudem belegen Studien eindeutig, dass Menschen mit großem Selbstvertrauen glücklicher durchs Leben gehen.

Ein Jahr nach dem Fußballcamp habe ich Lukas übrigens wiedergesehen, aber kaum wiedererkannt. Der Junge hatte sich zum Führungsspieler entwickelt, der ein Tor nach dem anderen schoss. Sein Selbstvertrauen bahnte ihm den Weg. Nach dem Spiel klatsche er mit mir ab, grinste und sagte: »Herr Eglinski, die Macht ist jetzt mit mir!«

Unser Selbstbild: Das wertvollste Bild der Welt. Trainerfortbildung

»Reich ist, wer sich selbst positiv sieht.«

Das wahre Vermögen des Weltfußballers Cristiano Ronaldo hat nichts mit den Millionen zu tun, die er bei den besten Clubs der Welt verdiente, nichts mit seinen Villen und nichts mit den Luxuskarossen in seinen Garagen. Ronaldo trägt diesen Schatz jeden Tag mit sich herum. Trotzdem kann ihn niemand sehen. Auch der Fußballer selbst nicht. Dieser wertvolle Schatz ist sein Selbstbild. »CR7« Ronaldo beschreibt es gerne mit knappen Worten:

»Ich sehe mich als den besten Fußballer der Welt.«

Ob er wirklich der Beste ist, darüber können Fußballfans stundenlang streiten. Wir aber wollen uns auf etwas viel Entscheidenderes konzentrieren: auf das Selbstbild von Cristiano Ronaldo und auf unser eigenes Selbstbild.

Unser Selbstbild ist die Basis unseres Selbstvertrauens, die Leinwand, auf der sich abzeichnet, wie wir uns sehen und wie wir über uns denken.

Wer sein Selbstvertrauen verbessern will, kommt an seinem Selbstbild nicht vorbei. Zum Glück ist das Selbstbild inzwischen so weit erforscht, dass wir genau wissen, wo wir ansetzen können.

Zu einem großen Teil verdanken wir das dem amerikanischen Psychologen Carl Rogers. Seine Erkenntnisse über die Entwicklung des menschlichen Selbstbilds gehören heute zum Basiswissen von Psychologen und Pädagogen. Wir fassen die wesentlichen Punkte für Sie in Kurzform zusammen: Rogers geht davon aus, dass jeder Mensch im Kern gut ist. Mehr noch: Wir alle streben von Geburt an danach, unsere Möglichkeiten auszuschöpfen. Dieses angeborene Bedürfnis bestimmt grundsätzlich das menschliche Verhalten. Anders ausgedrückt: Wir alle wollen werden, was wir sein können. Wir wollen lernen und uns entwickeln. Wir wollen wachsen!

Trotzdem bleiben viele Menschen hinter ihren Möglichkeiten zurück. Die Ursache sehen Wissenschaftler wie Rogers in einem negativen Selbstbild, auch Selbstkonzept genannt. Unser Selbstbild entsteht durch die Erfahrungen, die wir in sehr frühen Jahren mit uns selbst und unseren Bezugspersonen machen, mit unseren Eltern, Großeltern, Erziehern, Trainern und Lehrern. Deren Bewertungen, Forderungen, Reaktionen und Wünsche fügen sich in unserem Inneren zu einem Gesamtgemälde: dem Selbstbild.

Unser Selbstbild ist buchstäblich gezeichnet von den Menschen, die in unserem Leben eine wichtige Rolle spielen. Die wichtigste Rolle nehmen wir Eltern ein. Wir prägen insbesondere in den ersten Lebensjahren unserer Kinder deren Selbstbild und damit auch deren Selbstvertrauen.

Der Vater von Cristiano Ronaldo begleitete seinen Sohn in seinen Anfangsjahren beim Fußballspielen auf Madeira. Begeistert lobte und ermutigte er seinen Jungen. Für ihn war Cristiano schon damals der beste Fußballer der Welt. Der Vater glaubte an seinen Sohn, lange bevor dieser es selbst tat.

Ronaldo erinnert sich in seiner Biografie an diese Zeit als eine sehr glückliche Zeit. Er liebte sein Leben, obwohl die Familie wenig Geld hatte und er in den alten gebrauchten Schuhen seines Bruders oder seiner Cousins spielen musste. Umso schwerer fiel es dem jungen Ronaldo, mit elf Jahren seine Familie zu verlassen und nach Portugal zu ziehen, um an der Jugendakademie von Sporting Lissabon seinem Traum eine Chance zu geben. Heimweh quälte ihn, und die anderen Jungs lachten über seinen Akzent, aber das Fundament, das seine Eltern gelegt hatten, und der Fußball gaben ihm Halt. »Ich trainierte so, als könnte ich der Beste der Welt werden«, erinnert sich Cristiano Ronaldo. Er sah sich so, wie sein Vater ihn gesehen hatte.

Wie wir unser Kind sehen und achten, wird es sich selbst sehen und achten.

Was wir Eltern unseren Kindern spiegeln, entwickelt sich zur Grundierung ihres Selbstbilds. Die deutschen Psychologen Reinhard und Annemarie Tausch sicherten diese Tatsache wissenschaftlich ab. Wenn wir unser Kind wohlwollend beachten, es bedingungslos lieben, wertschätzen und verstehen, ermöglichen wir ihm, ein positives Selbstbild zu entwickeln. Menschen mit einem positiven Selbstbild können aus dem Vollen schöpfen. Sie vertrauen sich selbst. Das bestätigt auch die amerikanische Psychologin und Selbstbild-Expertin Carol Dweck. Sie untersuchte, wie unser Selbstbild unseren Lernwillen und unsere Leistungsbereitschaft beeinflusst und wie es sich auf unsere ganz persönliche Erfolgsbilanz auswirkt. Ihr Fazit:

Menschen mit einem positiven Selbstbild sind erfolgreicher, weil sie immer wieder Neues ausprobieren und ihre Fähigkeiten permanent erweitern.

Zudem schützt ein gutes Selbstbild vor übermäßigen Ängsten und Stress. Es verleiht uns innere Sicherheit und die Gewissheit, auch schwierige Situationen meistern zu können. Ein positives Selbstbild führt zu einem starken Selbstvertrauen. Mit diesem Selbstvertrauen wagen wir es, Herausforderungen anzunehmen, und ermöglichen uns Erfolgserlebnisse. Die daraus resultierende Erfahrung, sich auf die eigenen Fähigkeiten verlassen zu können, bereichert unser Selbstbild und sorgt dafür, dass unser Selbstvertrauen wächst.

Das positive Selbstbild wird in Fachkreisen »dynamisches Selbstbild« genannt. Es inspiriert Menschen, sich weiterzuentwickeln, es hilft ihnen, flexibel zu denken, und schenkt ihnen die Gewissheit, das Beste aus sich herausholen zu können, wenn sie sich anstrengen. Doch wie steht es um die anderen? Um die, die ein eher negatives Bild, ein sogenanntes »statisches Selbstbild« haben? Um junge oder ältere Menschen, die sich nichts zutrauen, die Angst vor Fehlern haben, die überzeugt sind, kein großes Potenzial zu haben? Für diese Menschen haben wir eine großartige Nachricht:

Ein Selbstbild ist niemals fertig. Es lässt sich ergänzen, übermalen und völlig neu gestalten. Ein negatives Selbstbild kann in ein positives verwandelt werden.

Dafür gibt es einfache, erprobte Methoden, die wir Ihnen ihm folgenden Kapitel vorstellen. Auch Menschen mit dynamischem Selbstbild können mit diesen Methoden zusätzlich Stärke und Sicherheit gewinnen – und ihren Kindern vorleben, wie wir unser Selbstbild gestalten können. Davon profitiert das ganze Familienteam, denn indem wir unsere Kinder bewusst stärken, stärken wir uns auch selbst.

So lässt sich Selbstvertrauen stärken. Trainingsmethode

Selbstvertrauen lässt sich aufbauen, trainieren und stärken wie das Passen, das Dribbling, die Eckbälle und die Torschüsse. Als Werkzeug dienen uns die effektiven und anwenderfreundlichen »Best Mentality Drills«. Ich habe sie als Mentalitäts-Coach in den vergangenen zwei Jahrzehnten entwickelt und fortlaufend optimiert. Sie eignen sich für Kinder und Jugendliche ebenso wie für Erwachsene. Diese Übungen wirken, weil sie unser Unterbewusstsein ansprechen. Sie gehen buchstäblich in die Tiefe.

Während wir über unser Bewusstsein bestimmen, bestimmt unser Unterbewusstsein über uns. Das Unterbewusstsein bildet die dunklen Meerestiefen, aus denen sich unser Bewusstsein speist und nach oben steigt. In dieser Schicht verbergen sich unsere Gräben, Unsicherheiten, Verletzungen und Selbstzweifel. Hier treiben Kommentare, Kritik, Bewertungen und Urteile, die andere über uns fällen und die wir selbst treffen. In diesem Sinn ist unser Unterbewusstsein ein großes Sammelbecken. In seinen Tiefen stagniert unser Selbstbild entweder – oder es entwickelt sich dynamisch weiter. So oder so nimmt unser Selbstbild bedeutenden Einfluss darauf, was aus unserem Unterbewusstsein nach oben in unser Bewusstsein dringt und unser Leben prägt, unser Denken und unser Handeln.

Umso wichtiger ist es, dass wir für ein positives Selbstbild sorgen. Nur dann können wir uns auf unsere innere Führung verlassen. Nur dann bewegen wir uns gewiss in die richtige Richtung, in die Richtung, in der unsere wahren Ziele liegen und unser Glück.

Unser Selbstbild ist der Ausgangspunkt unseres Mentalitätstrainings. Spielen wir es aktiv an! Erst die Eltern, später die Kinder. Wir Trainer sollten die Übungen beherrschen, mit denen wir unsere Kinder coachen wollen.

BEST MENTALITY DRILL NUMMER 1:
Entwerfe dein bestes Ich!
Trainingsmaterial: Stift und Papier

Wer willst du sein? Dribble mit dieser Frage durch deine Gedanken und Träume, orientiere dich dabei ausschließlich an deinem Ideal. Wie sieht dein bestes Selbst aus? Welche Eigenschaften sollen dich auszeichnen? Welche Fähigkeiten willst du beherrschen? Wie möchtest du gesehen werden? Wie willst du dich anderen gegenüber verhalten? Wie willst du mit dir selbst umgehen? Was möchtest du tun? Stell dir vor, du kannst sein, wer du willst, was du willst und wie du willst. Gestalte dein Ich nach deinen Wünschen und Zielen.

Und jetzt nehme Papier und Stift zur Hand und beschreibe dich nach deinen Idealvorstellungen. Beschreibe dein ideales Selbst.

Beginne deine Sätze immer mit »Ich« – mit »Ich bin …«, »Ich habe …«, »Ich kann …«, »Ich fühle …«.

»Ich« ist dein mächtigstes Wort. Es öffnet das Tor zu deinem Unterbewusstsein und zu deinem Selbstbild.

Klingt das zu simpel für dich? Es ist simpel, weil dein Unterbewusstsein nicht denkt, nicht glaubt und nicht zweifelt, sondern reagiert wie ein Muskel. Es speichert ab, was du ihm regelmäßig vorsagst, laut oder in Gedanken. Gibst du ihm die Botschaft: »Ich bin doof, hässlich und erfolglos. Nichts gelingt mir«, dann glaubt dir dein Unterbewusstsein. Es glaubt dir aber auch, wenn du sagst: »Ich bin klug, schön und erfolgreich. Mir gelingt alles.«

Je öfter du die eine oder die andere Botschaft wiederholst, umso tiefer sinkt sie in dein Unterbewusstsein und wird zur Überzeugung.

Auch schlechte Scherze sickern nach unten, denn das Wort »ich« versetzt unser Unterbewusstsein in den Aufnahmemodus. Es nimmt, was es bekommt, und unterscheidet nicht nach Witz oder Wahrheit. Überlege deshalb gut, wie du deine Sätze mit »ich« vervollständigen willst. Beschreibe dein ideales Selbstbild mit Bedacht und mit Begeisterung.

Als Inspiration spielen wir dir gerne ein paar Steilvorlagen zu:

- Ich bin großartig! Ich bin eine gute Mutter. Ich bin ein guter Vater.
- Ich bin selbstbewusst. Ich bin glücklich. Ich zeige meinem Partner und meinen Kindern meine Liebe.
- Ich gebe jeden Tag mein Bestes. Ich bin diszipliniert. Ich bin fröhlich. Ich bin entspannt.
- Es gelingt mir, mich in meinen Partner und in meine Kinder hineinzuversetzen.
- Ich übernehme die Führung in der Erziehung meiner Kinder! Ich bin der Headcoach!
- Ich vertraue auf mich, und ich vertraue auf meine Kinder.
- Ich habe es verdient, glücklich, erfolgreich und wohlhabend zu sein.
- Ich bin ein wertvoller Mensch. Ich bin fair. Ich bin ehrlich.
- Ich bin ein Magnet für Glück, Erfolg, Gesundheit und Wohlstand.
- Ich habe motivierende Ziele. Ich kann in meinem Leben alles erreichen!
- Ich schaffe, was immer ich wirklich will.
- Ich habe ein gutes Selbstvertrauen.
- Ich werde von anderen Menschen geliebt, so wie ich bin.
- Ich werde respektiert, wie ich bin.
- Ich fühle mich stets sicher.
- Ich bin unabhängig von der Meinung anderer Personen.
- Ich übernehme die Verantwortung für mein Leben.
- Ich bin Herr meiner Gedanken und meines Unterbewusstseins.
- Ich fühle mich gut so, wie ich bin.
- Ich genieße das Leben voller Dankbarkeit. Ich bin dankbar für mein Leben!
- Ich achte stets auf meine Gesundheit und meine Ernährung.
- Ich verzeihe mir meine Fehler und lerne daraus.
- **Ich liebe mich bedingungslos!**

Such dir aus, was dir gefällt, und führe die Liste weiter. Bis dir nichts mehr einfällt. An dieser Stelle ist dein Selbstbild ein Wunschkonzert!

BEST MENTALITY DRILL NUMMER 2:
Stelle deine Auswahl auf!
Trainingsmaterial: Leuchtstifte in zwei Farben und Liste mit Ich-Botschaften

Jetzt kannst du dich wie der Bundestrainer vor einer Weltmeisterschaft fühlen. Du sollst eine Auswahl treffen und deinen Kader aufstellen. Jogi Löw durfte 23 Mann mit nach Russland nehmen. Bei seiner Entscheidung hatte er ein klares Ziel vor Augen: die Weltmeisterschaft.

Welches Ziel bestimmt deine Auswahl? Diese Übung kannst du beliebig variieren und selbstverständlich auch auf andere Lebensbereiche wie Partnerschaft, Gesundheit und Beruf ausdehnen. Wenn du mit dieser Trainingsmethode vertraut bist, kannst du sie beliebig für dich und deine Kinder abwandeln, entsprechend euren Bedürfnissen, Zielen, Prioritäten und Ausgangslagen.

Nimm dein beschriebenes Blatt und markiere mit einem farbigen Stift 23 Ich-Aussagen, die deinem Ziel, der beste Headcoach zu werden, am meisten dienen. Ergänze deine Liste gegebenenfalls.

Bist du so weit? Dann gehen wir zum nächsten Schritt. Es können immer nur elf Spieler aufs Feld. Welche elf deiner Ich-Botschaften erscheinen dir für dein Ziel, der beste Headcoach zu sein, am wichtigsten? Wähle jetzt deine Elf aus 23. Markiere sie in der zweiten Farbe.

Schreibe deine auserwählten elf auf ein extra Blatt. Damit hast du deine elf Ich-Botschaften für dein Unterbewusstsein.

Achte darauf, deine Ich-Botschaften im Präsens, also in der Gegenwart zu formulieren. »Ich bin …« anstatt »Ich werde …«. Bleibe im Hier und Jetzt.

Indem du deine Botschaften schriftlich fixierst, werden sie sichtbar und greifbar. Du kannst sie jederzeit in die Hand nehmen und sie dir vergegenwärtigen.

BEST MENTALITY DRILL NUMMER 3:
Präge dir deine Auswahl ein!
Trainingsmaterial: Deine Aufstellung mit den elf Ich-Botschaften

Konzentriere dich auf deine Auswahl und mache dich an die Arbeit. Du weißt bereits, dass du mit dem mächtigen Wort »ich« in die Tiefe spielst und auf dein Selbstbild einwirkst.

Lies dir also laut und deutlich deine Auswahl vor. Ja, es ist wichtig, dass du laut liest, denn Ausgesprochenes hallt nach. Unsere Stimme verstärkt unsere Botschaften. Besonders wirksam ist diese Übung vor einem Spiegel.

Wiederhole diese Übung mindestens zweimal täglich.

Trainiere diese Übung eine Kleinfeld-Saison lang, also 90 Tage.

Was passiert während dieser Zeit? Aus deinen Worten und Gedanken entstehen Glaubenssätze, die dein Selbstbild verändern. Das geschieht nicht von heute auf morgen. Aber bleib am Ball, vertraue auf deine Worte! Im Laufe der Zeit werden sie sich bewahrheiten.

Also werte dein Selbstbild auf. Fülle es mit Stärken, Eigenschaften, positiven Gefühlen und Fähigkeiten – den vorhandenen und den angestrebten.

Mach dir neben deiner Auswahl immer wieder bewusst, was du gut kannst, worauf du stolz bist und was deine Familie, deine Freunde und deine Kollegen an dir schätzen. Denk positiv über dich. Begeistere dich für dich selbst!

Je schwerer dir diese Übung fällt, umso wichtiger ist sie für dich.

Deine Ich-Botschaften entwickeln sich durch bewusste und laufende Wiederholung zu Glaubenssätzen. Und der Glaube, das wissen wir bereits, versetzt Berge, beeinflusst unser Selbstbild und baut Selbstvertrauen auf.

Deine Ich-Botschaften wirken auch wunderbar als Einzelbausteine für die Bestätigung und Ermutigung zwischendurch. Diese Bestätigung wird »Affirmation« genannt.

Vor allem dann, wenn du wenig Zeit hast, aber viel Druck, hilft oft schon die beherzte Affirmation: »Ich hab's drauf!«

BEST MENTALITY DRILL NUMMER 4: Körpersprache

Stehe für dich gerade! Eine gerade Körperhaltung stärkt das Selbstvertrauen und deine Ich-Botschaften. Wer aufrecht sitzt oder steht, strahlt Kompetenz und Seriosität aus, auch sich selbst gegenüber. Zudem wirkt sich eine aufrechte Haltung und ein stabiler Stand positiv auf die eigene Zuversicht aus.

Verankere deine Botschaften! Wenn Profifußballer ihre persönliche Auswahl an Ich-Botschaften sprachlich und gedanklich abspeichern, dann kombinieren sie dies mit einer Bewegung, beispielsweise mit einem leichten Faustschlag auf die Brust. Damit setzen sie einen Anker in ihren Gedanken. Erfahrene Spieler brauchen später nur noch die Bewegung, die Verankerung, um augenblicklich ihre inneren Botschaften abzurufen.

Finde eine Bewegung, mit der du deinen Anker setzen willst. Du kannst dich kneifen, die Faust ballen, in den Boden stampfen, was immer dir behagt. Profis klopfen sich gern auf die Brust, denn hier sitzt die Thymusdrüse. Ihr wird eine belebende, aktivierende Wirkung zugesprochen, sobald sie wachgetrommelt wird.

BEST MENTALITY DRILL NUMMER 5: Spielbeeinflussung. Mach es besser!

Wenn du dich bei einer negativen Botschaft an dein Selbstbild ertappst, dann korrigiere dich sofort. Sorge mit einer positiven Botschaft für den Ausgleich.

BEST MENTALITY DRILL NUMMER 6:
Denke dynamisch.

Es gibt zwei Arten zu denken, mit der einen kommst du voran, mit der anderen bleibst du stehen. Die dynamische Denkart basiert auf der Überzeugung, dass wir uns jederzeit verändern und weiterentwickeln können. Wenn du dynamisch denkst, bist du überzeugt, dass du werden kannst, was du sein willst. Entsprechend denkst und handelst du. In der Wissenschaft heißt die Fähigkeit unserer Gehirn- und Nervenzellen, sich selbst zu ändern, »Neuroplastizität«. Wir Trainer nennen den Glauben an die eigene Kraft und Gestaltungsmöglichkeit »Mentalität«.

Statische Denker beharren dagegen auf ihrer Überzeugung: Ich bin, wie ich bin. Sie richten ihr Denken und Handeln auf Stillstand aus, überzeugt davon, nichts ändern zu können. Statisch denkende Menschen sind überzeugt, dass Talent allein darüber entscheidet, was man im Leben erreichen kann. Sie glauben nicht daran, dass sich Anstrengung auszahlt. Weil sie nicht gerne Neues ausprobieren, fehlen ihnen die Erfolgserlebnisse. Statisches Denken hält das Selbstvertrauen klein.

Ob wir in einer bestimmten Situation dynamisch oder statisch denken, ist entscheidender als die Situation selbst. Unser Denken lenkt unser Handeln.

Die meisten Menschen denken in verschiedenen Situationen unterschiedlich. Es kann beispielsweise sein, dass jemand beim Thema Schule statisch, in seinem Sport dagegen dynamisch denkt.

Erkenne, wann du statisch und wann du dynamisch denkst. Wir geben dir ein Beispiel aus dem Schulleben. Der dynamisch denkende Schüler reagiert nach einer vermasselten Probe sinngemäß so: »Mist, das ist in die Hose gegangen. Woran hat das gelegen? Was muss ich jetzt nacharbeiten und üben? Wer kann mir helfen, das hinzubekommen? Ich bin mir sicher, ich kriege das wieder hin. In den nächsten Stunden melde ich mich freiwillig und schaffe über eine gute mündliche Note einen besseren Schnitt.«

Der dynamisch denkende Mensch beurteilt die Situation und sucht nach Lösungen. Er bleibt bei der Sache und vertraut auf sich und den Einfluss auf sein Leben. Der statisch denkende Schüler stellt nicht die Situation infrage, sondern sich selbst. Er nimmt Tatsachen als gegeben und glaubt nicht daran, etwas ändern zu können. Er traut sich nichts zu.

Wenn ein Teller zu Bruch geht, sagt sich ein statischer Denker Dinge wie: »Das ist typisch für mich. Ich bin ein Tollpatsch, so etwas passiert mir ständig.« Der dynamische Denker sagt: »Das kann passieren, tut mir leid. Wo ist der Handfeger?«

Nach einem Fehler sagt der statische Denker: »Ich muss das unbedingt vertuschen, sonst mag mich keiner mehr oder sie glauben, ich bin ein Versager!« Und der dynamische: »Fehler gehören einfach dazu. Nur wer nichts tut, kann auch keine Fehler machen. Ich analysiere, was dazu geführt hat. Dann lerne ich daraus und mache es beim nächsten Mal besser.«

Wenn du dich in Zukunft bei statischen Gedanken ertappst, dann verwandle sie in dynamische Gedanken. Sag dir: »Stopp. Diese Art zu denken macht mich unglücklich. Damit torpediere ich mein Selbstvertrauen. Ich will lieber dynamisch denken, und zwar …«

BEST MENTALITY DRILL NUMMER 7: Konstruktive Selbstgespräche

Die meisten von uns kennen Standardsituationen, die regelmäßig für Stress sorgen. In der Erziehung zählen Hausaufgaben, Ordnung und Mithilfe im Haushalt zu den größten Themen. Für Kinder sind es oft Proben, Referate, unbekannte Situationen oder entscheidende Fußballspiele. Für all diese Herausforderungen sind konstruktive Selbstgespräche ein gutes Mittel.

Zuerst nimmst du die Ist-Situation auf: Du formulierst, was dich nervt, stresst oder wütend macht. »Es läuft gerade sch…!« An dieser Stelle darfst du es genau so formulieren, wenn es das ist, was du fühlst.

Dann zeige Verständnis für dich. »Du hattest einen anstrengenden Tag, du bist müde, erschöpft oder unter Zeitdruck.« Sprich dir gut zu, als seist du dein bester Freund oder deine beste Freundin. Wenn es dir gelingt, versuche auch die andere Seite zu verstehen. »Okay, die Kinder haben auch einen vollen, anstrengenden Tag gehabt. Sie haben andere Prioritäten als ich.« Dann fasst du dein Wunschverhalten in Worte. »Ich bleibe geduldig. Ich versetze mich in meine Kinder hinein.« Oder aber: »Ich gehe jetzt besser aus dem Raum, atme durch, trinke ein Glas Wasser oder gehe nach draußen, bis ich mich beruhigt habe und die Situation gut lösen kann.«

Bei diesem Teil des konstruktiven Selbstgesprächs gelten die Best-Mentality-Drill-Regeln:

- **Bereite deinen Zuspruch schriftlich vor.**
- **Nutze das Machtwort »Ich«.**
- **Formuliere im Präsens, in der Gegenwart.**
- **Sei immer positiv und affirmativ, also bejahend.** »Ich bin geduldig«, anstatt: »Ich bin nicht ungeduldig.« »Ich bin ruhig und entspannt«, anstatt: »Ich bin nicht nervös.«
- **Spreche dir deinen Zuspruch laut und deutlich vor.**
- **Achte auf eine aufrechte Körperhaltung.**
- **Stelle dich, wenn möglich, vor einen Spiegel und schaue dir in die Augen.**
- **Wiederhole dich.**
- **Gebe dir Zeit für eine Veränderung. 90 Tage sind ein Richtwert.**

Für Kinder, die vor einem wichtigen Fußballspiel stehen, kann sich das konstruktive Selbstgespräch dann so anhören: »Ich liebe es, Fußball zu spielen. Fußball ist meine Leidenschaft. Und ich liebe es, mich mit anderen zu messen, zu kämpfen, an meine Grenzen zu gehen und mit meinen Freunden Siege zu feiern. Ich habe in den letzten Tagen sehr gut trainiert. Ich bin bestens auf das heutige Spiel vorbereitet, und ich spüre, wie ich von Sekunde zu Sekunde immer konzentrierter werde und jetzt bereit bin, meine beste Leistung zu bringen. Mit dem Anpfiff bin ich voll da. Ich werde bis zur letzten Sekunde dieses Spiels alles geben. Und auch wenn mir mal etwas nicht gelingt, behalte ich meine Ruhe und Souveränität. Ich bin ein wichtiger Teil meiner Mannschaft, und ich werde dazu beitragen, dass wir das heutige Spiel erfolgreich gestalten. Ich bin ein Spieler, der den Unterschied macht. Ich erfülle meine Aufgaben begeistert und diszipliniert. Und ich freue mich auf dieses Spiel. Ich freue mich, mein Bestes geben zu können. Ich freue mich, meine Mitspieler zu pushen und sie zum Erfolg zu führen. Und ich bin jetzt bereit, meine Bestleistung abzurufen! Auf geht's!«

Durch konstruktive Selbstgespräche lernen Kinder und Erwachsene, sich selbst zu coachen.

Selbstgespräche sind anpassungsfähig. Sie lassen sich für vielfältige Ziele nutzen: um sich zu motivieren, um sich zu beruhigen, um Frust, Niederlagen oder Rückschläge zu verarbeiten, um sich wachzurufen, um mit Ängsten oder Sorgen umzugehen, um Ärger, Wut, Traurigkeit oder einer Enttäuschung eine neue Richtung zu geben, um sich selbst Mut zuzusprechen und um das Selbstbild zu verbessern und Selbstvertrauen aufzubauen.

Nicht immer haben wir Menschen in unserer Nähe, die in der Lage sind, uns zu sagen, was wir in diesem speziellen Moment brauchen. Mit positiven Selbstgesprächen machen wir uns unabhängig von anderen. Wenn du regelmäßig positiv mit dir selber sprichst, gehst du mit schwierigen Situationen und Gefühlen zunehmend besser um. Und wenn du das bemerkst, wächst natürlich auch dein Selbstvertrauen.

Selbstgespräche wirken wie Autosuggestionen. Sie steuern unser Verhalten.

BEST MENTALITY DRILL NUMMER 8:
Konstruktive Selbstgespräche: Bereite dich vor!

Überlege dir, in welchen drei Situationen dir ein konstruktives Selbstgespräch besonders helfen könnte.

Bereite dir für diese drei Situationen ein konstruktives Selbstgespräch vor. Dabei kommt es nicht auf die Länge an, sondern auf den Inhalt. Du weißt, was du brauchst.

Ein weiteres Musterbeispiel: »Was auch kommt, ich mache das Beste daraus. Wenn es schwierig wird, dann wird es besonders lehrreich. Es gibt kein Scheitern, nur Erfahrungen. Wenn ich meine Lektion gelernt habe, gehe ich gestärkt aus der Situation hervor. Ich erreiche, was ich mir vornehme. Ich bin gut, ich bin stark, und ich glaube an mich! Ich besitze alle Fähigkeiten, die ich brauche, um glücklich und erfolgreich zu sein! Ich vertraue auf mich und auf meine Fähigkeiten. Ich vertraue auf mich.«

BEST MENTALITY DRILL NUMMER 9:
Konstruktive Kritik

Was wir Eltern sagen, fassen unsere Kinder als Wahrheit auf. Es fließt ungefiltert in ihr Unterbewusstsein und prägt dort ihr Selbstbild. Darum ist es so extrem wichtig, konstruktiv zu kritisieren und destruktive Kritik zu vermeiden. Konstruktive Kritik baut auf und hilft weiter, destruktive Kritik zerstört.

Destruktive Kritik stellt die gesamte Person infrage, zum Beispiel »Nichts kann man dich machen lassen!« oder »Du kannst es einfach nicht!«. Sie ist unangemessen und übertrieben oder unsachlich und verletzend. Sie macht das Gegenüber klein, mit Aussagen wie »Zu mehr bist du einfach nicht fähig«.

Konstruktive Kritik hingegen kritisiert das Verhalten, nicht die Person. Sie klingt zum Beispiel so: »Diese Sache ging daneben.« Sie verallgemeinert nicht, sondern ist konkret, beispielsweise durch die Verwendung von »jetzt« statt »immer«. Konstruktive Kritik konzentriert sich auf Ich-Aussagen: »Ich ärgere mich, weil du mit dreckigen Schuhen durchs Wohnzimmer läufst.« Sie orientiert sich dabei an realistischen Erwartungen, den Möglichkeiten des Kindes und der Situation. Sie baut die Angst vor Fehlern ab und lenkt zu Lösungswegen. Sie hilft, den größten Fehler zu vermeiden: ständig Angst zu haben, Fehler zu machen.

Übe dich in konstruktiver Kritik! Deinem Kind zuliebe! Du gibst ihm damit die Vorlage zur konstruktiven Selbstkritik.

BEST MENTALITY DRILL NUMMER 10: Fülle deinen Erste-Hilfe-Kasten. Trainingsmaterial: Fotos von dir im Postkartenformat und ein Schreibstift

Lass Fotos von dir aufnehmen, die dich so zeigen, wie du sein willst, und drucke mindestens fünf im Postkartenformat aus. Alternativ kannst du auf Postkarten mit motivierenden Motiven ausweichen.

Besorge dir eine Schachtel oder einen Briefumschlag. Klebe dein Foto auf die Oberseite oder schreibe groß »ICH« darauf. Du kannst auch ein rotes Kreuz als Symbol für »Erste Hilfe« aufmalen. Was immer dir gefällt!

Schreibe auf die Rückseite deiner Fotos oder Karten jeweils eine deiner Ich-Botschaften.

Schreibe deine konstruktiven Selbstgespräche auf die übrigen Karten und Fotos.

Unterschreibe deine Karten.

Stecke sie in deinen persönlichen Erste-Hilfe-Kasten und nimm sie zur Hand, wenn du sie brauchst.

Aus diesem Kasten kannst du dich jederzeit bedienen, wenn dein Selbstvertrauen besonders gebraucht wird. In diesem Kasten werden im Laufe des Best-Mentality-Trainings immer mehr Karten stecken, auf denen deine Stärken und Fähigkeiten stehen, und es werden auch

Karten darin stecken, auf denen Eltern, Partner, Trainer und Freunde festgehalten haben, was sie an dir besonders schätzen.

BEST MENTALITY DRILL NUMMER 11: Zusammenfassung

Ich-Botschaften für dein Selbstbild, konstruktive Selbstgespräche, Affirmationen, Körpersprache, dynamisches Denken, konstruktive Kritik – du kennst jetzt bereits viele Methoden und Trainingseinheiten, um dein Selbstvertrauen zu trainieren und zu stärken. Merke sie dir gut, denn diese Techniken werden dir auch in anderen Bereichen helfen. Beim Training deiner 11 Freunde werden wir immer wieder darauf zurückkommen. Diese Techniken sind Grundbausteine für eine starke Mentalität.

Kannst du bereits die nächste Position deines Dream-Teams trainieren, selbst wenn dein Führungsspieler Selbstvertrauen noch nicht stabil auf dem Feld steht? Ja! Das sollst du sogar! Deine Elf ist ein Team, einer für alle, alle für einen! Jede Position stärkt die andere.

Eglinskis Eckfahnen

- **Selbstvertrauen bedeutet: im tiefen Inneren auf sich selbst vertrauen.**
- **Selbstvertrauen ist unsere mentale Lebenskraft**, mit der wir nahezu alles bewegen können. Ein gesundes Selbstvertrauen ist die Basis einer gesunden Mentalität.
- **In jedem von uns steckt ein Potenzial an grenzenlosem Selbstvertrauen.** Es lässt sich jederzeit aktivieren, aufbauen und stärken.
- **Vertrau dir! So kannst du Herausforderungen bewältigen und deine Ziele erreichen.**

ZIELE:
DEIN FÜHRUNGSSPIELER

Wer sein Ziel kennt, findet den Weg.
Kabinenansprache

»Wo steht dein Tor?«

Ziele sind das Tor zum Erfolg. Daran zweifelt kein Fußballprofi und kein renommierter Trainer. Im Fußball wird gerne hitzig diskutiert, aber in einer Frage sind wir uns alle einig: Fußballer, Trainer, Manager und Wissenschaftler. Was ist die entscheidende Voraussetzung für Erfolge? Die einhellige Antwort: klare Ziele!

Unsere Ziele zeigen uns, wo es langgeht. Sie bestimmen unseren Spielverlauf.

Ziele bringen uns weiter. Immer. Selbst die, die wir unterwegs ändern oder am Ende nicht erreichen. Ziele versetzen uns in Bewegung, sie inspirieren unsere *Kreabilität*, wecken unsere *Tatkraft* und erhöhen unsere *Spielfreude*. Sie schaffen Möglichkeiten. Manchmal wirken sie sogar Wunder. Ziele motivieren uns und bereichern unser Leben. Vorausgesetzt, es sind Ziele, die aus uns selbst kommen, aus unserem Inneren, aus unserem Herzen.

Ohne diese Ziele besteht die Gefahr, dass wir Tag für Tag vor uns hin leben und uns treiben lassen – von Ereignissen, Zufällen, anderen Menschen oder der eigenen Bequemlichkeit.

Wer ziellos ist, reagiert. Wer Ziele hat, gestaltet sein Leben.

Ziele machen Sinn, und sie geben Sinn. Wir Eltern streben danach, unsere Kinder zu gesunden, glücklichen und erfolgreichen Menschen zu erziehen. Die meisten von uns haben sich dieses Ziel bereits vor der Geburt ihrer Kinder gesetzt. Doch welche Ziele motivieren uns in unserer Beziehung, in unserem Beruf, in unserem Hobby? Wollen wir weniger arbeiten? Wollen wir die Karriereleiter erklimmen? Wollen wir die Alpen überqueren? Ein Instrument lernen? Uns weiterbilden? Unsere Freundschaften besser pflegen? Uns für die Umwelt engagieren oder ein Ehrenamt annehmen?

Vielleicht gehörst du zu den Menschen, die es nicht wagen, sich Ziele zu setzen, oder die nicht glauben, dass sie tatsächlich etwas erreichen können. Dafür kann es viele Gründe geben, von zu vielen Möglichkeiten bis hin zur Mutlosigkeit. Traust du im Zweifelsfall anderen Menschen etwas zu, aber nicht dir selbst? Das wird sich ändern, wenn du weiter an deinem Selbstvertrauen arbeitest und die Techniken zur Zielerreichung lernst.

Du kannst sehr viel mehr, als du dir zutraust!

Als junger unerfahrener Trainer führte Domenico Tedesco den FC Schalke 04 im Jahr 2018 zur Vizemeisterschaft und zurück in die Champions League. In Bezug auf seine Ziele sagt er: »Es gibt kein Limit. Weder spielerisch noch von der Mentalität noch von irgendwelchen Punkten.« Tedesco beherzigt, was der ehemalige Basketballprofi und Motivationstrainer Christian Bischoff als Kernbotschaft seit Jahren erfolgreich vermittelt: »Du weißt nie, wo dein Limit ist.«

Also wage es, deine Träume ernst zu nehmen! Wage es, sie in Ziele zu verwandeln.

»If you can dream it, you can do it«, sagte Walt Disney und bewies es der Welt. »Wir besiegen Brasilien«, sagte Jogi Löw 2014 und machte das scheinbar Unmögliche möglich.

Welche Träume stecken in dir? Wie sieht deine Zukunft aus? Welche Ziele willst du erreichen?

Fang klein an. So verschaffst du dir Erfolgserlebnisse und machst dir Mut. Deine Ziele werden mit dir und deiner Entwicklung wachsen. So wie es bei Zinédine Zidane der Fall war. In seiner Biografie erzählt er: »Profifußballer sein, das schien so unrealistisch, dass ich gar nicht wagte, daran zu denken. Meine Familie hatte nicht viel, und damit wurde ich jeden Tag konfrontiert.« Zidane steckte sich also immer nur kleine, erreichbare Ziele ab und schaffte so Schritt für Schritt das Unmögliche.

Wenn wir wissen, was wir wollen, und wenn wir es ernst damit meinen, dann arbeiten wir darauf hin, bewusst und unbewusst und wie Zidane: Schritt für Schritt. Unser Ziel selbst hilft uns dabei, es zu erreichen. Es lenkt uns förmlich zum Tor, und es macht uns ein großes Geschenk: die Motivation. Nehmen wir es an! Doch vorher lernen wir noch, wie wir unsere Ziele so setzen, damit sie uns wirklich weiterhelfen.

Ziele setzen, aber richtig. Trainerfortbildung

»Bring deine Ziele in Form!«

Wenn du deine Träume verwirklichen willst, dann verwandle sie in Ziele. Während Träume pure Fantasie sind, stehen Ziele mitten im Leben. Ziele sind verbindlich. Ziele holen unsere Träume aufs Spielfeld, und nur dort können wir sie verwirklichen.

So bringst du deine Ziele in Bestform:

1. Definiere dein Ziel klar. Sei konkret!

- Was genau willst du haben? Was genau willst du sein? Was willst du erreichen?
- Je genauer du dein Ziel beschreibst, desto schneller wirst du es erreichen. Je realer du es dir vorstellen kannst, desto eher wirst du es verwirklichen.
- Gehe vom Abstrakten zum Konkreten. Du willst eine gute Mutter oder ein guter Vater sein: Was genau bedeutet das für dich? Du willst reich werden: Wie definierst du reich? Du willst eine gute Zukunft für dich selbst oder für deine Kinder: Woran machst du eine gute Zukunft fest? Du willst einfach nur ein glückliches, erfülltes Leben führen: Wie stellst du dir dieses glückliche, erfüllte Leben konkret vor?

2. Sorge dafür, dass dein Ziel kontrollierbar ist. Sei messbar!

- Wie groß ist der Abstand zwischen dem aktuellen Ist-Zustand und deinem Ziel? Läuft alles nach deinem Plan? Es ist an dir, regelmäßig zu überprüfen, wie weit du auf deinem Weg zum Ziel schon gekommen bist.
- Ein Beispiel: Oliver Kahn wollte bereits als Jugendlicher der beste

Torwart der Welt werden. Dieses Ziel teilte er sich in messbare Schritte ein. Zunächst wollte er die Nummer 1 beim Karlsruher SC werden, dann die Nummer 1 beim FC Bayern München und anschließend in der deutschen Fußballnationalmannschaft. Nach diesen Erfolgen waren Titel und Trophäen die Messlatte für den Titan: Welttorhüter des Jahres, Bester Torhüter der WM, Fußballer des Jahres und Champions-League-Sieger.

- Weg vom Profifußball, hin zum Familienalltag und den Schulnoten. Motiviere dein Kind, sich konkrete Ziele bei einzelnen Noten oder dem Notendurchschnitt zu setzen. Dazu überlegt ihr gemeinsam, wo das Kind aktuell steht, und dann formuliert ihr das Notenziel. Auf dem Weg zum Ziel überprüft ihr regelmäßig, ob ihr auf Kurs liegt.

3. Lege fest, bis wann du dein Ziel erreicht haben willst. Nenne das Datum und markiere es in deinem Kalender!

- Ein Beispiel aus dem Elternalltag. »Ich verbringe mehr Zeit mit meinen Kindern: In den kommenden zehn Tagen spiele ich täglich mindestens eine Stunde mit ihnen.«
- Ein Beispiel aus dem DFI: »Ich will gute Noten schreiben: Ich habe am Ende dieses Schuljahres einen Notenschnitt von 2,0 erreicht.«

4. Sei anspruchsvoll. Dein Ziel soll dich motivieren!

- Dein Ziel soll dich begeistern, überzeugen und von innen motivieren. Nur wenn es dir wirklich am Herzen liegt, wirst du in anstrengenden Phasen am Ball bleiben. Nur so kannst du über dich hinauswachsen.

5. Warum ist dieses Ziel für dich wichtig? Gib ihm einen Sinn!

- Je lohnender dir dein Ziel erscheint, desto mehr Energie liefert es dir. Welche Vorteile ergeben sich für dich, wenn du dein Ziel erreicht hast? Wozu befähigt dich dein Ziel? Was macht es dir möglich? Welche Türen öffnet es dir? Welche neuen Ziele lassen sich darauf aufbauen? Welches deiner Bedürfnisse befriedigt dein Ziel?

Welche wunderbaren Folgen lässt dein Ziel für dich und andere entstehen?

- Aus den Antworten auf diese Fragen entsteht deine Motivation. Die wichtigste Frage ist: Warum willst du dieses Ziel wirklich erreichen? Nimm dir für die Antwort Zeit. So verleihst du deinem Ziel den Sinn.

6. Dein Ziel muss erreichbar sein. Sei realistisch!

- Fordere dich, aber überfordere dich nicht. Unterscheide zwischen möglich und unmöglich. Finde die richtige Größe für dein Ziel. Teile dir dein Ziel in erreichbare Etappen auf. Setze deine Ziele groß genug, damit du motiviert bist und dich über Erfolge freuen kannst, doch achte darauf, dass du dich nicht überforderst und schon im Vorfeld entmutigst. Höre dabei auf dein Gefühl. Dein Ziel muss zu dir und deinen aktuellen Voraussetzungen passen.

7. Schreib dein Ziel auf – positiv und in der Gegenwartsform!

- Das Aufschreiben deiner Ziele ist mehr als eine Fingerübung: Du schaffst damit Tatsachen. Du machst deine Ziele sichtbar und greifbar. Das erhöht ihre Kraft. Gestalte dir diesen Prozess feierlich: Sich zu seinen Zielen zu bekennen, ist etwas Wichtiges und Großes. Aus bloßen Gedanken entsteht eine Absichtserklärung. Du machst einen Vertrag mit dir selbst. Eine Zielvereinbarung.

Formuliere deine Ziele immer so, als hättest du sie bereits erreicht. Vermeide Verneinungen. So programmierst du dein Unterbewusstsein darauf, deine Ziele Realität werden zu lassen.

Beispiele:

Ich will nicht mehr zu spät kommen: Ich bin immer pünktlich!
Ich schiebe nichts mehr auf: Ich erledige alle wichtigen Aufgaben sofort!
Ich möchte Stammspieler werden: Ich bin Stammspieler!

Vermeide Verneinungen, denn die versteht dein Unterbewusstsein nicht. Wenn ich sage »Bitte denke jetzt nicht an Ronaldo«, musst du wahrscheinlich sofort an Ronaldo denken. Also geh auf Nummer sicher: Schreibe auf, was du willst.

Wenn du deine persönlichen Ziele für deine aktuelle Lebensphase gefunden hast, dann gratulieren wir dir herzlich! Im folgenden Kapitel geht es mit konkreten Unterlagen und Trainingsmethoden zur Zielerreichung weiter.

Wunsch oder Ziel? Trainingsmethoden

Bevor wir mit dem Training beginnen, checken wir, ob du tatsächlich deine Ziele gefunden hast, oder ob es sich um Wünsche handelt. Der große Unterschied: Für Ziele bist du bereit, dich mit ganzer Kraft einzusetzen. Sich ein Ziel zu setzen heißt, Verantwortung zu übernehmen. Bei Wünschen dagegen hoffen wir, dass sie andere für uns erfüllen, und verlagern die Verantwortung nach außen. Kurz: Wünsche sind für Weihnachtsmänner, Ziele sind für dich.

BEST MENTALITY DRILL NUMMER 1:
Checke deine Ziele.

- Ist dieses Ziel tatsächlich das, was ich erreichen will?
- Motiviert mich allein der Gedanke daran?
- Bin ich bereit, alles zu tun, um dieses Ziel zu erreichen?
- Glaube ich daran, dass ich mein Ziel erreichen kann?
- Erfüllt mich dieses Ziel mit Freude und Begeisterung?
- Bin ich bereit, mich ab sofort meinem Ziel zu widmen?

Damit hast du die Vorrunde bereits absolviert, anders als die deutsche Nationalmannschaft bei der WM 2018. Im Gegensatz zur WM 2014 drängte sich in Russland der Eindruck auf, dass die Spieler den Titel nicht wirklich und von Herzen wollten. Wenn unsere Mannschaft wirklich das brennende Verlangen auf die Titelverteidigung gehabt hätte, wären Leidenschaft, Spielfreude und Tatkraft zu sehen gewesen und unsere Jungs hätten mehr als nur eine Partie gewonnen.

Unsere Ziele beeinflussen unsere tatsächlichen Leistungen massiv.

Ziele lenken unsere Aufmerksamkeit und Anstrengung auf zielführende Aktivitäten. Den Rest erledigt ein Aktionsplan, der zugleich ein

Vertrag mit uns selbst ist. Wir geben dir dafür ein Beispiel aus dem Deutschen Fußball Internat:

BEST MENTALITY DRILL NUMMER 2:
Fixiere deine Ziele.
Mein Aktionsplan zur Verwirklichung meiner Ziele.

1. Mein wichtigstes schulisches Ziel: ....

....

Ich erreiche es bis spätestens: ....

Das mache ich ab sofort konkret dafür:

1.1 ....

1.2 ....

1.3 ....

2. Mein wichtigstes sportliches Ziel: ....

....

Ich erreiche es bis spätestens: ....

Das mache ich ab sofort konkret dafür:

2.1 ....

2.2 ....

2.3 ....

3. Mein wichtigstes persönliches Ziel: ....

....

Ich erreiche es bis spätestens: ....

Das mache ich ab sofort konkret dafür:

3.1 ....

3.2 ....

3.3 ....

Ich verpflichte mich, meine Möglichkeiten auszuschöpfen, um meine Ziele zu erreichen. Ich werde alles für mich geben und begeistert an meinen Zielen arbeiten. Ich weiß, ich kann meine Ziele erreichen. Ich glaube fest an mich!

Datum: ....

Unterschrift: ....

Deine Zielvereinbarung mit dir selbst gibt dir deinen Aktionsplan an die Hand. Du weißt jetzt, was zu tun ist.

BEST MENTALITY DRILL NUMMER 3:
Denk an den Nutzen deiner Ziele.

- Ziele motivieren dich und bringen dich voran.
- Ziele strukturieren dein Handeln. Sie helfen dir, dein Potenzial bewusst einzusetzen und zu fördern.
- Ziele lassen sich prüfen. Du kannst jederzeit checken, ob dich ein eingeschlagener Weg oder eine bestimmte Maßnahme zum Ziel bringt, ob dein Pfad effektiv und effizient ist.
- Ziele stärken deine Ausdauer und deine Disziplin. Wer Ziele verfolgt, arbeitet schneller und fokussierter. Dafür sorgt nicht zuletzt die Deadline.
- Ziele sind beweglich. Sie bringen dich auf den Weg, aber du kannst den Weg jederzeit ändern und eine andere Richtung einschlagen.
- Ziele bringen dich immer weiter, auch wenn du sie nicht erreichst. Jeder Schritt auf dem Weg zu deinem Ziel ist mehr, als du davor geschafft hast.

BEST MENTALITY DRILL NUMMER 4:
Versetze dich in die Zukunft.

Wirf dein Kopfkino an und schau diesen besonders schönen Film, der dir zeigt, wie du dich feierst. Der zeigt, wie du den Pokal in die Höhe hältst, wie du in dein neues Auto steigst, wie du deine Traumreise antrittst. Oder siehst du vielleicht dein Kind, wie es glücklich an seinen Zielen arbeitet und auf ein erfülltes Leben zusteuert?

Der Film vor deinem inneren Auge macht Freude und hilft dir, deine Ziele zu erreichen. Psychologen nennen diese Methode »Visualisierung«. Sich regelmäßig, idealerweise täglich, bildhaft vorzustellen, seine Ziele bereits erreicht zu haben, aktiviert unseren Körper und unseren Geist. Als Einheit können wir dann unsere Ziele wahr machen.

Eglinskis Eckfahnen

- **Unsere Ziele fordern uns heraus und weisen uns den Weg.** Sie bestimmen den Spielverlauf unseres Lebens. Sie sind das Tor zu Glück und Erfolg.
- **Wer Ziele hat, agiert und gestaltet sein Leben selbst. Mit Zielen übernehmen wir die Führung in unserem Leben.** Ohne Ziele können wir nur reagieren und lassen Zufälle, Ereignisse und andere Menschen über unser Leben bestimmen.
- **Fixiere deine Ziele schriftlich, konkret und messbar**. Sei dabei realistisch und lege eine Deadline fest. Achte darauf, dass deine Ziele Sinn für dich machen und dich motivieren.
- **Wer Ziele hat, gewinnt immer, auch wenn er sie unterwegs ändert oder am Ende nicht erreicht.** Jeder Schritt auf dem Weg zum Ziel zählt.

TATKRAFT:
DEIN OFFENSIVSPIELER

Tatkraft macht es möglich.
Kabinenansprache

»Pack es an!«

Es gab einen Moment bei der WM 2018 in Russland, der auf ein Wunder hoffen ließ. Es war der Moment, als Toni Kroos in der Nachspielzeit das 2:1 gegen Schweden ins Tor ballerte. Eigentlich wollte sein Kollege Marco Reus direkt schießen, und Mats Hummels riet von seinem Sitzplatz an der Seite lautstark zu einem Flankenstoß, aber Toni Kroos packte es auf seine Art an, ganz nach seiner Überzeugung: »Vorsprung im Leben hat, wer da anpackt, wo die anderen erst einmal reden.« Seine Tatkraft und seine Entschlossenheit haben Toni Kroos weit gebracht. Mit 28 Jahren holte er 2018 seinen vierten Champions-League-Titel mit Real Madrid. Das hat vor ihm kein anderer deutscher Spieler geschafft. Eine Fußball-Legende, die ebenfalls für seine Tatkraft bekannt ist, lobte ihn dafür öffentlich: Günter Netzer. Unvergessen, wie sich Netzer 1973 beim DFB-Pokalfinale selbst einwechselte und zwei Minuten später mit dem 2:1 das entscheidende Tor für Borussia Mönchengladbach schoss.

Tatkraft schafft Tatsachen.

Sie umfasst mehr als den bloßen Handlungsimpuls. Unsere Tatkraft drückt unsere Energie aus, unsere Lebenskraft. Sie beschreibt unseren Schaffensdrang und unsere Unternehmungslust. Und sie kommt nie alleine.

Unsere Tatkraft hat einen Zwilling, der immer ein paar Sekunden früher zur Stelle ist: die Entschlossenheit.

Ohne Tatkraft und Entschlossenheit würden wir noch in Höhlen wohnen und wären nicht bis zum Mond geflogen. Tatkraft schafft Fortschritt, Erfolgserlebnisse, neue Chancen und Perspektiven.

»Jetzt« ist das Zauberwort der Tatkräftigen. Trainingsmethoden

Warum gibt es Menschen, die wie Joshua Kimmich ihre Ziele verwirklichen, und andere, die mit der Tatkraft eines Kipferls auf dem Sofa liegen und darauf warten, dass sich ihr Leben auf sie zubewegt?

BEST MENTALITY DRILL NUMMER 1:
Die Zeit ist immer jetzt!

»Jetzt« ist das Zauberwort, das Unentschlossenheit in Tatkraft verwandeln kann. Je größer der Abstand zwischen Absicht und Aktion, desto leichter verschwinden unsere Ziele darin. »Jetzt« schließt diesen Graben.

BEST MENTALITY DRILL NUMMER 2:
Der erste Schritt ist der wichtigste.

Verliere keine Zeit, wenn es darum geht, deine Vorsätze zu verwirklichen. Mit jeder Stunde, die du dein Vorhaben aufschiebst, sinkt die Wahrscheinlichkeit, dass du es jemals angehst. Halte deshalb den Abstand zwischen Absicht und Aktion so gering wie möglich. Mach es einfach! Nicht später, sondern sofort!

BEST MENTALITY DRILL NUMMER 3:
Bleib dran.

Beharrlichkeit und Biss gehören laut Psychologen zu den wichtigsten Charaktereigenschaften erfolgreicher Menschen. Tatkraft braucht Ausdauer. Beharrlichkeit führt zum Erfolg – im Fußball wie in der Wirtschaft, in der Kunst oder in der Kindererziehung.

BEST MENTALITY DRILL NUMMER 4:
Such dir Unterstützung.

Im Team fällt es leichter, Ziele tatkräftig umzusetzen. Umgebe dich mit tatkräftigen, zielbewussten Menschen. Lass dich anstecken von ihrer Energie! Lass dich inspirieren, begeistern und mitreißen. Bedanke dich dafür, indem du auch die anderen begeisterst und mitreißt.

BEST MENTALITY DRILL NUMMER 5:
Power statt Perfektionismus.

Perfektionisten hemmen mit überzogenen Ansprüchen ihren Tatendrang. Perfektionismus gehört ans Ende einer Entwicklung, er darf das ideale Ziel sein, aber am Anfang unserer Aktivitäten hat er nichts zu suchen. Am Anfang brauchen wir vor allem Power.

BEST MENTALITY DRILL NUMMER 6:
Sprich dir gut zu!

Stärke deine Tatkraft mit den Drills zum Selbstvertrauen: Mit positiven Selbstaussagen wie beispielsweise »Ich bin tatkräftig« oder »Ich packe an, was ich mir vorgenommen habe«. Auch hier helfen konstruktive Selbstgespräche.

BEST MENTALITY DRILL NUMMER 7:
Lass dich nicht ablenken.

Wovon lässt du dich gerne ablenken? Von deinem Smartphone, Online-Spielen oder TV-Serien? Sind die Verlockungen stärker als deine Tatkraft? Haben diese Ablenkungen deine wertvolle Lebenszeit verdient? Jeder braucht Pausen, und elektronische Geräte können viel Spaß bringen, aber entscheide klug und in deinem Sinne, wenn es zu viel wird.

BEST MENTALITY DRILL NUMMER 8:
Belohne dich.

Wenn du etwas geschafft hast, dann belohne dich. Am besten, du machst im Vorfeld gute Deals mit dir, nach dem Muster »wenn, dann«: »Wenn ich 40 Minuten gejoggt bin, dann gönne ich mir …« oder »Wenn ich meine Hausaufgaben gemacht habe, dann belohne ich mich mit …«. Sei ehrlich zu dir und fair.

BEST MENTALITY DRILL NUMMER 9:
Setze dich unter Druck!

Unter Druck entstehen Diamanten. Druck zwingt uns, effizient zu arbeiten. Druck fokussiert uns. Druck fordert uns heraus. Druck erzeugt Möglichkeiten, strukturiert uns und konzentriert uns. Er gehört zum Leben.

Druck kann aber auch krank machen. Gut mit Druck umgehen heißt, sich Prioritäten zu setzen und vernünftige Deadlines. Leg Pausen ein und sorge für Entspannung.

BEST MENTALITY DRILL NUMMER 6:
Ein Tor sagt mehr als tausend Worte.

Wir sparen uns an dieser Stelle die Worte. Es ist Zeit für Taten. Sei tatkräftig! Verwirkliche, was du dir vorgenommen hast.

Eglinskis Eckfahnen

- **Tatkraft schafft Tatsachen** und verwirklicht Ziele!
- **Der erste Schritt ist der wichtigste.**
- **Die Zeit ist immer jetzt!** Achte darauf, dass der zeitliche Abstand zwischen Absicht und Aktion gering bleibt.
- **Ein Tor sagt mehr als tausend Worte.** Lass dich an deinen Taten messen!

DISZIPLIN: DEIN INNENVERTEIDIGER

Disziplin führt zum Erfolg. Kabinenansprache

»Nimm deinen Schweinehund an die kurze Leine.«

Die Tatkraft gibt den Anstoß, aber erst Disziplin führt zum Erfolg. 2003 holte Alex Ferguson Cristiano Ronaldo zu Manchester United. Jahre später erzählte er: »Ronaldo war stets der erste beim Training. Und wenn alle anderen nach dem Training bereits unter der Dusche standen, blieb er länger, um Freistöße zu üben.«

In der Disziplin drückt sich die Mentalität eines Spielers aus.

Es ist die tägliche Entschlossenheit und Hartnäckigkeit, die den Unterschied macht. Ohne sie geht im Fußball nichts und auch nicht auf den anderen Spielfeldern des Lebens. »Ich war und bin immer noch davon überzeugt, dass ich durch Training und Arbeit an allen anderen vorbeiziehen kann«, erklärt Welttorhüter Oliver Kahn seine Erfolge. »Man kann Glück auch erzwingen!«, sagt Bastian Schweinsteiger. Dem Weltmeister haben seine Eltern die entscheidende Lektion beigebracht: »Mit dem entsprechenden Fleiß und dem Glauben an sich selbst wird man sein Ziel erreichen.« Dieser Glaube und diese Disziplin helfen über Niederlagen hinweg und über Phasen, in denen man gerade keine Lust hat.

In den letzten 20 Jahren habe ich sehr häufig erlebt, dass Talente auf der Strecke blieben, weil sie sich auf ihren Anlagen ausruhten, anstatt diese zu trainieren. Vermeintlich weniger talentierte, dafür aber disziplinierte Spieler zogen an ihnen vorbei.

Mit Disziplin drückst du deine Entschlossenheit aus. Du zeigst, dass du es wirklich willst.

Das Glück bevorzugt disziplinierte Menschen, die hartnäckig an ihren Zielen arbeiten. Disziplin ist die Ursache der Wirkung. Sie verteidigt deinen Innenraum vor Resignation, wenn dich eine Niederlage zurückwirft. Und nicht nur das:

Selbstdisziplin schafft Selbstvertrauen.

Sie stärkt deine Willenskraft und sorgt für Erfolgserlebnisse. Wie du sie trainieren kannst, zeigen wir dir im folgenden Kapitel.

Disziplin zeigt, dass du es wirklich willst. Trainingsmethoden

BEST MENTALITY DRILL NUMMER 1:
Wer diszipliniert sein will, braucht Schlaf.

Fehlt es uns an Schlaf, leidet unser Hirn: Unsere Konzentration lässt nach, unsere Aufnahmefähigkeit sinkt und ebenso unsere Merkfähigkeit. Bei Kindern wirkt sich Schlafmangel auf ihr Verhalten und ihre Noten aus. Zudem schwächt Schlafmangel das Immunsystem und steigert die Verletzungsanfälligkeit. Schlaf dich also aus, bevor du loslegst!

BEST MENTALITY DRILL NUMMER 2:
Gesunde Ernährung

Über die ideale Ernährung lässt sich streiten, aber bei den Basics sind sich alle einig: Das Beste für unseren Körper ist eine ausgewogene Ernährung. Viel Obst und Gemüse, wenig Zucker und vorwiegend ungesättigte Fette. Alles sollte eine gute Qualität haben, frisch sein und frei von Zusatzstoffen, besonders Fleisch. Gutes Essen gibt Energie. Die brauchen wir, um diszipliniert unsere Aufgaben zu bewältigen.

BEST MENTALITY DRILL NUMMER 3:
Steigere dich!

Mit Disziplin kannst du mehr aus dir herausholen. Wenn du im Training scheinbar an deine Grenzen kommst, dann kommen erst die entscheidenden zehn Prozent. Gib diese zehn Prozent, um dich zu verbessern. Nutze dein Potenzial.

BEST MENTALITY DRILL NUMMER 4:
Greife auf bewährte Mittel zurück: Mach dir einen Plan.

Erstelle einen Plan, zum Beispiel einen Tagesplan, auf dem du deine Vorhaben einträgst. Hake die Aufgaben ab, die du erledigt hast. Nimm dir genug vor, aber nicht zu viel. Mache es dir leichter, diszipliniert zu sein, indem du deine Aktivitäten vorbereitest. Packe beispielsweise deine Sporttasche am Abend vor dem Training oder ordne deine Kleidung für den nächsten Tag. Ein übersichtliches, strukturiertes Umfeld unterstützt die Disziplin.

BEST MENTALITY DRILL NUMMER 5:
Schütze dich vor Ablenkungen.

E-Mails, Anrufe, Kurznachrichten – irgendetwas ist immer. Unsere Aufmerksamkeit wird von allen Seiten abgelenkt. Damit du dich auf die Aufgabe konzentrieren kannst, die jetzt im Moment ansteht, ist es wichtig, dass du dich vor Störungen schützt. Konzentriere dich auf deinen Weg und lass dich nicht davon abbringen.

BEST MENTALITY DRILL NUMMER 6:
Mach mal Pause!

Damit deine Selbstdisziplin auf hohem Niveau bleibt, braucht sie regelmäßig Pausen. Finde die richtige Balance zwischen Power und Party. Vermeide Dauerstress. Wenn dir alles zu viel wird, ist es Zeit, Prioritäten zu setzen und sich aufs Wesentliche zu beschränken. Es gehört auch zum Wesentlichen, sich auszuruhen, zu spielen und Freunde zu treffen.

Eglinskis Eckfahnen

- **Disziplin bedeutet, deinen Weg zielbewusst zu gehen.** In der Disziplin drückt sich die Mentalität eines Spielers aus.
- **Mit Disziplin zeigst du, dass du es wirklich willst.** Mit Disziplin würdigst du deine Ziele.
- **Disziplin ist ein Glücksbringer!** Glück lässt sich nicht erzwingen, aber es bevorzugt die Disziplinierten, die Beharrlichen, die Entschlossenen.
- **Disziplin steigert deine Fähigkeiten und erhöht deine Möglichkeiten.** Lass dich nicht stören. Schütze dich vor Ablenkungen. Und mach mal Pause!

TEAMGEIST: DEIN VERBINDUNGSSPIELER

Teamgeist ist Zusammenhalt. Kabinenansprache

»Ein Hoch auf uns!«

Das Glücks- und Erfolgssystem von Familien und Fußballtrainern heißt »TEAM«. Wenn wir zusammenspielen, potenzieren sich unsere Stärken, und unsere Schwächen verlieren an Bedeutung. Ein gutes Team setzt bei jedem einzelnen Spieler Leistungsreserven frei. Gemeinsam sind wir stärker, gemeinsam können wir über uns hinauswachsen. Wir alle sind als Teamplayer geboren, und unser erstes Team ist die Familie. Teamsportarten geben uns das Familiengefühl und den Zusammenhalt, den wir brauchen.

Einer für alle. Alle für einen.

Im Team wuchs Bastian Schweinsteiger bei der Fußballweltmeisterschaft 2014 über sich hinaus und spielte bis zum grandiosen Ende.

Leider blieb sein Team nicht am Ball. Vier Jahre nachdem Deutschland Weltmeister wurde, scheiterte die Nationalmannschaft bereits in der Vorrunde der WM. Ihr fehlte diesmal der wichtigste Verbindungsspieler: der Teamgeist. Um den Teamgeist zu beschwören, definieren wir gemeinsame Werte und Ziele. Wir prägen einen vertrauensvollen und wohlwollenden Umgang miteinander sowie Respekt und klare Regeln. Wir machen klar, was Andreas Bourani in seiner Weltmeisterhymne von 2014 besingt: »Ein Hoch auf uns!«

Begeistern wir uns also für echte Gemeinschaften. Für unser wichtigstes Team: Für die Familie! Teamfähigkeit bedeutet Beziehungsfähigkeit. Teamfähigkeit bedeutet einen guten Umgang mit Gefühlen. Jeder Einzelne zählt, und jeder beeinflusst jeden.

Wir sind miteinander verbunden: Ändert sich einer, betrifft das alle.

Jedes Familienmitglied prägt mit seinen Entscheidungen und Handlungen die gesamte Gruppe. Nicht umsonst beschreibt die Psychologie unsere Familie als System. Dieses System verleiht uns Sicherheit und Stärke, hier finden wir Anerkennung und Bestätigung. Hier werden emotionale Grundbedürfnisse erfüllt, hier können wir wachsen, aneinander und miteinander.

Jedes System hat eine eigene Gruppendynamik.

Diese Dynamik braucht eine gute Richtung. Dafür sind wir Headcoaches verantwortlich. Mit gutem Willen und Know-how holen wir aus jedem Team das Beste für alle und jeden Einzelnen heraus. Erst recht in der Familie.

Teamgeist verbindet. Trainingsmethoden

Gute Kommunikation hält Teams zusammen. Ein Beispiel für gute Kommunikation ist das Prinzip der Fünferkette, das wir bereits geübt haben. Auch die Trainersprache und Spielintelligenz beeinflussen den Teamgeist. Die 11 Freunde hängen zusammen und sind untereinander verbunden. Deshalb kannst du das Mentalitätstraining an jeder Position beginnen.

BEST MENTALITY DRILL NUMMER 1: Gesprächsführung

Gute Gespräche verbinden. Als Headcoach bist du der Gesprächsführer. Du bestimmst die Regeln des Gesprächs, den Umgangston und wie weit das Mitspracherecht eurer Teammitglieder reicht. Grundsätzlich gilt: Regeln vermitteln Sicherheit und Orientierung. Sie dienen uns und unseren Kindern, wenn sie vernünftig und angemessen sind. Kinder und Erwachsene identifizieren sich jedoch mit gemeinsam ausgehandelten Regeln besser und lernen auf diesem Weg demokratisches Verhalten. Regeln, die nur einer beschließt, sind Befehle. Eltern und Trainer haben das Recht, Befehle zu geben, solange es einen guten Grund dafür gibt und sie dazu stehen.

BEST MENTALITY DRILL NUMMER 2: Definiert ein gemeinsames Ziel!

Was wollt ihr als Familie erleben und erreichen? Berge erklimmen? Fahrradtouren unternehmen? Regelmäßig zusammen kochen? Definiert eure gemeinsamen Ziele. Für Eltern gilt an dieser Stelle zusätzlich: Der Headcoach gibt die Richtung vor und steckt das Feld ab.

BEST MENTALITY DRILL NUMMER 3:
Stärkt euren Zusammenhalt.

Teams brauchen Nähe. Sie müssen regelmäßig auf demselben Platz stehen, denn Teamgeist entsteht aus Vertrautheit, Zuneigung, Respekt und gegenseitigem Verständnis. Nähe braucht gemeinsame Erlebnisse und Herausforderungen. Wer den Teamgeist pflegen will, sorgt deshalb für gute Zeiten, für Abenteuer, Spaß und Austausch. Ob gemeinsames Kochen oder eine spektakuläre Wildwasserfahrt, Hauptsache, ihr seid zusammen und nehmt euch wahr, anstatt nebeneinander auf eure Smartphones zu starren.

BEST MENTALITY DRILL NUMMER 4:
Rituale geben Halt.

Rituale können uns viel geben: Sicherheit, Struktur und Energie. Rituale können sogar Worte ersetzen. Der Gutenachtkuss spricht von Zuneigung, ohne eine Silbe zu bemühen, der Schulterschluss im Kreis vor dem entscheidenden Spiel drückt aus: Wir sind ein Team, wir halten zusammen. Rituale geben uns Halt. Findet Rituale, die eurer Familie, eurem Team das gute Gefühl vermitteln, zusammenzugehören. Das kann ein ausgiebiges Sonntagsfrühstück sein, ein gemeinsamer Abendspaziergang, eine Familienumarmung morgens oder abends. Lasst euch etwas einfallen und pflegt dieses Ritual. Für alle Arten von Teams hat sich die Smartphone-Pause bewährt. Lenkt den Blick weg vom Bildschirm, hin zu den anderen.

BEST MENTALITY DRILL NUMMER 5:
Gerechtigkeit und Gleichheit trennen.

Was ist gerechter: Wenn jeder das Gleiche bekommt, oder wenn jeder bekommt, was er braucht? Unterschiedliche Menschen haben unterschiedliche Bedürfnisse. Darauf gilt es im Team zu achten und dann dementsprechend zu handeln. Die Stimmung im Team hängt nicht zuletzt davon ab, ob sich jeder gerecht behandelt fühlt. Um das herauszufinden, hilft beobachten und miteinander reden.

BEST MENTALITY DRILL NUMMER 6:
Bleibt am Ball!

Teams brauchen regelmäßig neue Impulse. Denkt regelmäßig über neue Aufgaben, Herausforderungen und Erlebnisse nach.

Eglinskis Eckfahnen

- Menschen sind geborene Teamplayer. **Gemeinsam können wir über uns hinauswachsen.**
- **Teamfähigkeit bedeutet Beziehungsfähigkeit.** Wir sind miteinander verbunden: Ändert sich einer, betrifft das alle.
- **Eltern und Trainer sind die Anführer im Team.** Sie bestimmen die Richtung und die Regeln. Gemeinsame Ziele und Erlebnisse formen Teams, Gerechtigkeit und Rituale erhalten und stärken sie. Teambuilding geht immer weiter.

DANKBARKEIT:
DER VORBEREITER

Dankbarkeit macht glücklich.
Kabinenansprache

»Wer erkennt, was er hat, kann erreichen, was er will!«

»Ich habe geweint, weil ich keine Schuhe hatte, um mit meinen Freunden Fußball zu spielen. Dann sah ich einen Mann, der keine Füße hatte, und ich verstand, wie reich ich bin«, erinnert sich der große Fußballer und Erfolgstrainer Zinédine Zidane an seine Kindheit. Die Dankbarkeit des jungen Spielers beschreibt eine tiefe Einsicht und Lebensklugheit.

Echte Dankbarkeit drückt eine große Wertschätzung dem Leben gegenüber aus. Sie nimmt nichts als selbstverständlich hin, sondern erkennt an, womit wir gesegnet sind. Dankbarkeit ist ein Lebensgefühl.

Dankbarkeit ist großzügig. Sie macht uns wertvolle Geschenke: Freude, Glück, Erfolg, Zufriedenheit, Motivation, Optimismus und Gesundheit.

Dankbare Menschen schätzen ihr Leben, dadurch steigt ihre Lebens- und auch ihre Spielfreude. Sie nehmen die kleinen Dinge und Details wahr und können sich darüber freuen. Dankbare Menschen umgibt eine positive Ausstrahlung, dadurch wirken sie attraktiver und anziehender auf andere. Sie sind schwer zu manipulieren und zu verführen, da ihnen bewusst ist, was sie haben. Sie sind stressresistenter und angstfreier. Sie erkennen Chancen und Möglichkeiten. Sie bewältigen Krisen leichter als andere. Zudem lässt Dankbarkeit unser Selbstwertgefühl wachsen.

Dankbarkeit ist eine Brille, die uns klar sehen lässt, was wir haben. Sie lenkt unseren Blick auf unseren Reichtum, nicht auf den scheinbaren Mangel. Und wir sind alle auf eine besondere Art reich.

Jeder von uns hat Gründe, dankbar zu sein.

Die Wissenschaft hat längst belegt, dass Dankbarkeit gesund für Körper und Seele ist. Versuche beweisen, dass selbst unser Immunsystem von einer dankbaren Grundhaltung profitiert. Dankbarkeit gilt als gezielte Vorsorge und Heilmittel gegen Unzufriedenheit, Stress und Schlaflosigkeit. Sogar bei Depressionen kann Dankbarkeit helfen. Noch vor der Wissenschaft haben die großen Religionen diese Kraft erkannt. Sie spielt in allen Religionen eine so wichtige Rolle, weil sie sich auf jeden unserer Lebensbereiche auswirkt. Besonders wichtig ist Dankbarkeit aber für unsere Beziehungen. Dankbare Menschen führen bessere Beziehungen, weil sie ihre Liebsten schätzen, ihre Freundschaften pflegen und ihren Blick auf das Gute im Menschen lenken. Dankbare Menschen sind nicht neidisch oder missgünstig. Sie sind in der Lage, sich für andere zu freuen, und lassen sich von deren Erfolgen inspirieren.

Der Harvardprofessor Shawn Achor wies nach, dass wir die Leistungsfähigkeit unseres Gehirns um über 30 Prozent steigern können, wenn wir uns täglich in Dankbarkeit üben. Positive Stimmung wirkt sich also nicht nur auf unseren Körper aus, sie macht auch unseren Kopf produktiver.

Dankbarkeit führt zu einer starken Mentalität.

Sie nimmt deshalb eine Schlüsselposition im Team der 11 Freunde ein. Sie lockt unser Glück an und bereitet unsere künftigen Erfolge vor. Sie macht uns den Weg frei und gibt uns alles mit, was wir brauchen. Unsere Dankbarkeit ist unser mentales Kraftzentrum.

Dankbarkeit üben. Trainingsmethoden

Es gibt viele Methoden, unsere Dankbarkeit zu trainieren. Eine der bekanntesten ist das Dankbarkeitstagebuch. Psychologen empfehlen, täglich die Dinge aufzuschreiben, für die wir dankbar sind.

Am Deutschen Fußball Internat kombinieren wir Erkenntnisse aus der Erfolgs-, Glücks- und Dankbarkeitsforschung und legen anstelle eines Dankbarkeitstagebuchs ein Mentalitätstagebuch an.

BEST MENTALITY DRILL:
Beginne dein Mentalitätstagebuch.

Besorge dir ein schönes Notizbuch, mindestens in Größe DIN A5. Du kannst es gestalten, wie es dir gefällt. Entscheidend ist, dass du dir jeden Abend fünf bis zehn Minuten Zeit nimmst, eine neue Seite in deinem Tagebuch mit dem entsprechenden Datum versiehst und folgende Fragen schriftlich beantwortest. Es genügt jeweils ein kurzer Satz:

- **Wofür bin ich heute dankbar?**
- Was ist mir Gutes widerfahren?
- Was ist mir gelungen?
- Worauf bin ich stolz?
- **Welche meiner Stärken kam heute zum Tragen?**
- Welche Begegnung hat mir Freude gemacht?
- Was habe ich für meine Ziele getan?
- **Welcher Moment war besonders schön?**
- Worüber habe ich gelacht?
- Worauf freue ich mich morgen?
- **Was nehme ich mir für morgen vor?**

Achte darauf, dass du deine Antworten mit dem magischen Wort »ich« beginnst: Ich bin dankbar für …, ich freue mich auf … Diese Fragen beantwortest du jeden Abend, ohne deine Antworten vom Vortag zu wiederholen. Versuche, es jeweils eine Woche ohne Wiederholungen zu schaffen. Am Ende der Woche liest du dir all deine Antworten noch einmal durch.

Schenke dir dieses abendliche Ritual. Es wird dich dankbarer, glücklicher und erfolgreicher machen. Ab jetzt schreibst du selbst deine Gutenachtgeschichte. Sie wird sich auf deine Lebensgeschichte auswirken und auf dein Lebensgefühl.

Eglinskis Eckfahnen

- **Dankbarkeit ist großzügig.** Sie macht uns wertvolle Geschenke: Freude, Glück, Erfolg, Zufriedenheit, Motivation, Optimismus und Gesundheit.
- **Dankbarkeit ist eine gezielte Vorsorge und ein Heilmittel gegen Unzufriedenheit, Stress und Schlaflosigkeit.** Sogar bei Depressionen kann Dankbarkeit helfen.
- **Dankbarkeit führt zu einer starken Mentalität.**
- **Mit Dankbarkeit erreichen wir unsere Ziele schneller und leichter.**

BILDUNG: DEIN TORJÄGER

(Weiter-)Bildung für eine bessere Zukunft. Kabinenansprache

»Mach dich schlau!«

Im Jahr 2007 gründete Philipp Lahm die *Philipp Lahm Stiftung für Sport und Bildung*, um Kinder und Jugendliche in Deutschland und Afrika zu unterstützen. Der frühere Kapitän der Nationalmannschaft stärkt das Bewusstsein, dass Bildung der Weg in eine bessere Zukunft ist. Das gilt für jeden von uns, im Großen wie im Kleinen. Bildung gestaltet unsere Chancen. Bildung schafft Gerechtigkeit. Wer einen Wissensvorsprung hat, hat selten das Nachsehen.

Bildung bedeutet Macht über das eigene Leben.

Wer viel weiß, trifft bessere Entscheidungen. Bildung findet aber nicht nur im Kopf, sondern auch im Herzen statt. Das ideale Bildungsziel ist ganzheitlich. Es geht nicht um bloßes Faktenwissen, es geht um Zusammenhänge, Verständnis, Meinungsbildung, Zukunft und auch um Charakter, Beziehungen und Gefühle. Kurz: Bildung entwickelt keine Fachidioten, sondern Persönlichkeiten.

Wenn wir und unsere Kinder Glück haben, befeuert die Schule die Freude am Lernen, Entdecken und Verstehen. Wenn nicht, müssen wir selbst dafür sorgen. Wir müssen unseren Kindern diese Freude am Lernen vorleben und ihnen ein Vorbild sein, indem wir uns auf vielfältige Art weiterbilden. Wir können uns herausfordern, Neues entdecken, eine Fähigkeit erlernen, die wir uns schon lange wünschen.

Finde heraus, was dich am meisten interessiert und wie du am liebsten lernst.

Und dann mach dich schlau! Suche dir einen guten Lehrer oder ein hervorragendes Online-Tutorial. Besorge dir Bücher, belege Kurse, setze dir Lernziele und sorge für Erfolgserlebnisse. Mit den richtigen Lernmethoden ist es ganz einfach.

Mach dich schlau. Trainerfortbildung

»Kinder sind Opfer ihrer Umstände.«

In vielen Schulen bekommen Kinder noch vor den ersten Noten die ersten Diagnosen. Bei lebhaften Kindern wird ADHS festgestellt, verträumte Kinder leiden an ADS. Die Lösung wird vielen Kindern und ihren Eltern in Form von Medikamenten serviert. Das bekannteste heißt Ritalin und wirkt im Gehirn wie eine Droge. Es senkt den Spiegel des Botenstoffs Dopamin, der für die Impulse zuständig ist. Das innere Impulssystem wird abgestellt, und die Auswirkungen sind beträchtlich: Die Lebhaftigkeit sinkt ebenso wie das Bedürfnis nach Nähe und Schlaf. Kinder mit der Aufmerksamkeitsstörung ADHS bekommen Ritalin, damit sie in der Schule nicht aus der Reihe tanzen, sondern sich diszipliniert verhalten können und gute Noten schreiben. Eine Behandlung der Aufmerksamkeitsstörung ADHS mit Ritalin kann in einigen Fällen ein Segen für die Kinder, ihre Familien, Mitschüler und die Lehrer sein.

Nicht jede Unruhe, Konzentrationsstörung oder jeder Tobsuchtsanfall zeugen allerdings von einer psychischen Erkrankung. Deshalb müssen wir uns die Frage stellen, in welchen Fällen die Diagnose- und Therapie-Maschinerie, die heute ein Teil vieler Kindheiten ist, den Kindern hilft oder schadet. Wir können in diesem Rahmen keine individuellen Antworten geben, deshalb versuchen wir es mit Gedankenanstößen.

- **Eine kindgerechte Kindheit beinhaltet Spaß, Lachen, Laufen, Freizeit, Freiheit, Entdeckungen, Abenteuer, Natur, dreckige Kleidung, Spiele mit Freuden, Zeit für Langeweile und die Ideen, die daraus entstehen.**

- Es ist wichtig für Kinder, buchstäblich ihre Stimme erheben zu dürfen, zu toben, laut zu sein, wild zu sein, in der Natur zu spielen und sich ausprobieren zu dürfen.
- **Viele Kinder, die nach exaktem Zeitplan in geschlossenen Räumen bleiben müssen, entwickeln den Drang, aus diesem Käfig auszubrechen.**
- Kinder kommen mit einem großen Lernwillen auf die Welt. Die meisten freuen sich auf die Schule. Wenn sich das ändert, muss die Frage gestellt werden, woran das wirklich liegt.
- Kinder sind Opfer ihrer Umstände. Die Erwachsenen sind für diese Umstände verantwortlich.
- **Ein voller Terminkalender, brutaler Notendruck, das Wort »Karriere«, auch das Wort »Schulkarriere«, gehören nicht in eine Kindheit.**
- **Nicht die Schule ist das Wichtigste, sondern die Beziehung zwischen Eltern und Kindern.**
- **Ein guter Trainer versetzt sich in seine Spieler hinein.** Ein guter Lehrer betrachtet seinen Unterricht mit den Augen seiner Schüler.
- Nicht nur die Kinder leiden häufig unter dem aktuellen Schulsystem, sondern auch die Lehrer. Die meisten Lehrer bemühen sich sehr, unter den gegebenen Voraussetzungen ihre Aufgabe so gut wie möglich zu erfüllen. Das verdient Anerkennung und Wertschätzung.
- **Eltern und Lehrer spielen idealerweise im selben Team.**
- **Kinder haben ein unterschiedliches Lerntempo.** Ihr Entwicklungsstand variiert besonders in der Grundschulzeit. So normal es ist, dass Kinder zu unterschiedlichen Zeiten mit dem Laufen beginnen, so normal ist es, dass Kinder zu unterschiedlichen Zeiten lesen, rechnen und schreiben lernen.
- Verständnis ist der Weg zu besseren Noten. Stell deinem Kind die Fragen: Was kannst und willst du tun? Wie kann ich dich dabei unterstützen?

- **Sieh dein Kind in erster Linie als dein geliebtes Kind, nicht als Schüler oder Schülerin.**
- **Kinder wollen ihr Bestes geben!** Wenn das nicht gelingt, dann frage dich, ob sie vielleicht überfordert sind, genug Bewegung haben, Freizeit, Spaß und Spiel.

Besser lernen: Trainingsmethoden

Egal, ob wir uns beruflich weiterbilden, auf eine Prüfung lernen oder zum eigenen Vergnügen: Wer weiß, worauf es beim Lernen ankommt, hat mehr Spaß und arbeitet effektiver.

BEST MENTALITY DRILL NUMMER 1:
Lege dein Lernziel fest. Konkret, schriftlich, messbar, terminiert.

Bei Lernzielen wie bei allen Zielen gilt: Schreib es auf, sei realistisch, mach es messbar und setze dir einen Termin.

BEST MENTALITY DRILL NUMMER 2:
Teile dein Lernziel in Portionen ein.

Zerlege das große Ziel, beispielsweise das Lernen einer neuen Sprache, in kleine Etappen. Lass dir dabei, wenn nötig, von Lehrern, Lernprogrammen, guten Büchern oder Freunden helfen. Eines baut auf dem anderen auf. Denke an das ganze Haus, aber beginne beim Fundament.

BEST MENTALITY DRILL NUMMER 3:
Finde heraus, wie du am besten lernst.

Wir lernen auf vielen Arten: durch Hören, Sehen, Anfassen, Nachahmen, Bewegen, Kommunizieren. Für die meisten von uns empfiehlt sich eine Kombination aus den verschiedenen Möglichkeiten, also das Lernen über alle Sinne. Abwechselnd oder auf einmal, zum Beispiel indem du einen Text in einer anderen Sprache hörst, ihn gleichzeitig liest, hinterher die neuen Vokabeln herausschreibst und Skizzen dazu malst oder moderne Lerntechniken anwendest wie »Sketchnotes«. Sketchnotes sind Merkzeichnungen, die du dir selbst anfertigst. Du setzt damit den Lernstoff in kleine Bilder um.

- Sehr empfehlenswert sind auch die Tipps und Tricks der Merkmeisterin Christiane Stenger. Die ehemalige Jugendweltmeisterin im Gedächtnistraining sagt zu Recht: »Man muss kein Genie sein, um sich Dinge merken zu können.«
- Spickzettel schreiben lohnt sich immer, solange du sie nicht in der Prüfung benutzt. Sobald es dir gelingt, das Wesentliche kurz zusammenzufassen, bist du für die Prüfung gerüstet.
- Es lernt sich leichter, wenn das Smartphone aus ist und der Schreibtisch aufgeräumt.
- Übung und Wiederholung: Bringe das Gelernte in dein Langzeitgedächtnis. Als Faustregel gilt: Während fünf bis zehn Wiederholungen, in wachsenden Abständen, verankert sich der Lernstoff in deinem Gehirn. Ohne Wiederholung kommst du schnell wieder auf den Anfangsstand.

BEST MENTALITY DRILL NUMMER 4:
Mach mal Pause!

Such dir die richtige Zeit zum Lernen. Wann bist du am aufnahmefähigsten? Vermutlich nicht gleich nach dem Mittagessen mit vollem Magen. Richte deine Lernzeiten, wenn möglich, nach deinem Biorhythmus.

Orientiere dich an am Fußball. Nach 45 Minuten geht es in die Pause. Mach ein Nickerchen oder bewege dich. Bewegung bringt auch dein Hirn in Schwung. Anschließend kommst du erfrischt und motiviert zurück an deinen Lernplatz.

Sei ausgeschlafen!

BEST MENTALITY DRILL NUMMER 5:
Bring dich in Stimmung.

In einer guten Stimmung lernt es sich besser, schneller und nachhaltiger. Deshalb merken sich Kinder die Namen von internationalen Fußballprofis schneller als Vokabeln. Umso wichtiger ist es, beim Lernen keinen negativen Druck aufzubauen, sich das motivierende Ziel vor Augen zu halten und sich zwischendurch zu belohnen.

BEST MENTALITY DRILL NUMMER 6:
Sorge für neue Abenteuer!

Die vielleicht wichtigste Art zu lernen, ist durch neue Abenteuer. Sorge für interessante Erfahrungen, anspruchsvolle Gespräche, und wage dich in ungewohnte Gebiete vor. Unterhalte dich mit Menschen, die eine andere Meinung haben als du, und versuche, sie zu verstehen. Durchbreche deine Routine. Bleibe offen!

Eglinskis Eckfahnen

- Bildung bedeutet Macht über das eigene Leben.
- Bildung macht uns reicher, im Kopf und im Herzen.
- Bildung entwickelt keine Fachidioten, sondern Persönlichkeiten.
- Wer einen Wissensvorsprung hat, hat selten das Nachsehen.

VERANTWORTUNG: DEIN KAPITÄN

Verantwortung ist Gewöhnungssache.
Kabinenansprache

»Gib deinem Kind Freiheit und Pflichten!«

Frank Wormuth verantwortete zehn Jahre lang die Ausbildung für deutsche Fußballlehrer. Bei einem Besuch in einem spanischen Ausbildungszentrum beobachtete er eine Situation, bei der mehrere Trainer den Spielern simultan auf den Fersen waren. »Die Spieler konnten sich gar nicht mehr konzentrieren, weil sie ständig irgendjemanden hinter sich hatten, der sie vollgelabert hat.« Frank Wormuth brachte den Widerspruch auf den Punkt: »Ich muss den Spieler auch mal selbst Erfahrungen sammeln lassen.«

Jeder Mensch braucht Verantwortung, um zu wachsen.

Fußballer sollen lernen, selbstständig auf dem Platz zu entscheiden, ohne zum Trainer an die Seitenlinie zu blicken. Auch dieses Ziel teilen Trainer mit uns Eltern. Wir wollen unsere Kinder zu lebenstüchtigen, entscheidungsfähigen und selbstbestimmten Menschen erziehen. Das setzt Eigenverantwortung voraus.

Kinder müssen lernen, die Verantwortung für sich selbst, für ihr Leben und für andere zu übernehmen.

Das gelingt, wenn wir unsere Mädchen und Jungs altersgerecht an ihre Verantwortung gewöhnen. Wenn wir Verantwortung nicht mit Schuld verwechseln. Im Gegensatz zu Schuld, aus der eine Bestrafung folgt, bitten verantwortungsbewusste Menschen um Verzeihung und lernen aus Erfahrungen. Sie suchen Lösungen, keine Schuldigen. Es ist an uns, auch unsere eigenen Pflichten anzunehmen. Wir sind verantwortlich für die Kultur in unserer Familie und für die Beziehungen zu unseren Kindern.

Menschen, die sich ihrer Eigenverantwortung bewusst sind, stehen für ihr Handeln und dessen Folgen ein.

In den vergangenen Generationen lief dieser Lernprozess bei den meisten Kindern automatisch ab. Die Eltern trauten bereits Erstklässlern lange Schulwege zu, ältere Geschwister mussten auf jüngere aufpassen, im Haushalt gab es für jedes Alter Pflichten, und die Schule fiel selbstverständlich in den Verantwortungsbereich der Kinder. Kinder durften sich nachmittags verabreden, ihre Freunde ohne Eskorte besuchen, ihre Stadt erkunden, durch Wiesen laufen und auf Bäume klettern. Sie durften praktisch lernen, was es bedeutet, für sich verantwortlich zu sein.

Verantwortung entwickelt sich sowohl aus der eigenen Freiheit als auch durch Pflichten, nur nicht an der kurzen Sicherheitsleine.

Von angemessenen Pflichten im Familienalltag profitieren alle, besonders unsere Kinder. Sie erleben sich dadurch als wichtiges und aktives Mitglied der Gemeinschaft. Am Ende des Tages verbreitet sich ein gutes Wir-Gefühl, wenn alle zusammen geholfen haben.

Wenn wir Kinder ständig bedienen und überbehüten, verwehren wir ihnen wichtige Erfahrungen und Gefühle.

Unsere Kinder gleichen diesen Mangel auf ihre Art aus: Die Spiele-Industrie füllt eine Lücke, die wir zum Teil selbst geschaffen haben. Beim Daddeln müssen unsere Kinder keine echte Verantwortung übernehmen, und ihrer Kreativität haben die Spieleentwickler Grenzen gesetzt. Haltungsschäden, Übergewicht, Einsamkeit, Konzentrationsschwäche und Süchte entwickeln sich nach und nach.

Übertriebener Medienkonsum schadet definitiv!

Unseren Kindern zuliebe sollten wir die Bildschirmzeit auf ein vernünftiges Maß beschränken und konsequent auf deren Einhaltung achten. Am Deutschen Fußball Internat sind die Tage unserer Schüler sehr stark mit sportlichen Aktivitäten angefüllt, doch auch wir stellen an spielfreien Wochenenden fest: Würden wir die Nutzungsdauer der Konsolen und Smartphones nicht beschränken, würden manche Schüler den ganzen Tag zocken. Die Konsequenz: Wir haben die Konsolen aus den Kinderzimmern verbannt. Es darf nur noch in den Gemeinschaftsräumen kontrolliert gespielt werden. Bieten unsere Erzieher jedoch einen Ausflug an – Baden, Fahrradfahren, Klettern usw. –, sind ohnehin alle Kinder Feuer und Flamme und nehmen teil.

Auch beim Thema Pflichten fordern wir unsere Schüler am DFI und dürfen uns regelmäßig über erstaunliche Entwicklungen freuen. Schulfähige Jungs und Mädchen sind sehr wohl in der Lage, die Verantwortung für ihre Hausaufgaben und für die Ordnung in ihrem Zimmer zu übernehmen. Das funktioniert nicht immer reibungslos, aber die Argumente sind auf unserer Seite. Das wissen auch die Kinder, selbst wenn sie es nicht in jedem Moment zeigen.

Verantwortung übernehmen. Trainingsmethoden

Menschen, die nicht gelernt haben, Verantwortung für sich und ihr Handeln zu übernehmen, machen andere für ihre Probleme verantwortlich. Infolgedessen fällt es ihnen schwer, Lösungen zu finden. Durch unser gutes Vorbild und wirksame Erziehungsmethoden können wir unseren Kindern beibringen, Verantwortung zu übernehmen, indem wir ihnen Verantwortung übertragen.

BEST MENTALITY DRILL NUMMER 1: Entscheidungsfreiheit

Gute Entscheidungen für sich selbst zu treffen, ist die Königsdisziplin der Eigenverantwortung. Diese Fähigkeit entwickeln Kinder, wenn sie Dinge (mit-)entscheiden dürfen, die sie selbst betreffen: welchen Sport sie ausüben, welches Instrument sie spielen, welche Kleidung sie tragen, wie ihr Zimmer aussehen soll, wer ihre Freunde sind. Wir Eltern können eingreifen, wenn das Wohl unseres Kindes gefährdet ist – nachdem wir uns ehrlich die Frage gestellt haben: Ist tatsächlich das Wohl meines Kindes gefährdet oder nur meine eigene, möglicherweise etwas starre Vorstellung davon?

BEST MENTALITY DRILL NUMMER 2: Nein sagen lernen

Für Eltern, Trainer und Lehrer ist es angenehm, wenn sich Kinder anpassen, unseren Erwartungen entsprechen und sich nicht widersetzen. Mit Ja-Sagern läuft der Alltag reibungsloser als mit Nein-Sagern. Dabei sollten wir dankbar sein, wenn unsere Kinder in der Lage sind, ein klares Nein zu äußern.

Vielen Erwachsenen fällt das schwer. Aus Angst vor Zurückweisung, Sympathieverlust oder Streit, sagen sie »Ja« und fügen sich den Wünschen der anderen, auch wenn sie eigentlich »Nein« fühlen und sagen wollen.

Ja-Sager machen es anderen leicht, sie auszunutzen, sie zu Dummheiten und Drogenmissbrauch anzustiften oder ihnen Gewalt anzutun. Die Kraft des Neins lernen Kinder im Elternhaus. Mit einem Nein übernehmen Kinder die Verantwortung für sich, denn mit einem Nein ziehen Menschen ihre persönlichen Grenzen. Wenn diese Grenzen ständig übertreten werden, verliert das Nein an Bedeutung. Schenken wir unseren Kindern ein starkes Nein, indem wir es respektieren, wenn sie Nein sagen. Ermutigen wir unsere Kinder, Nein zu sagen, wenn sie Nein sagen wollen.

BEST MENTALITY DRILL NUMMER 3:
»Ich« statt »man«

Bringen wir unseren Kindern bei, mit dem Wort »Ich« für sich selbst zu sprechen, anstatt sich hinter einem allgemeinen »man« zu verstecken. Indem wir sie auffordern, für sich zu sprechen, helfen wir ihnen, sich über den eigenen Standpunkt klar zu werden. So trainieren Kinder, sich eine eigene Meinung zu bilden und diese auch zu äußern. Unser Job ist es, ihnen diese Meinung zuzugestehen und unsere eigene Meinung konstruktiv zu formulieren. Wenn daraus eine lebendige Diskussion entsteht, umso besser! So lernen unsere Kinder, andere Meinungen zu respektieren und dass es okay ist, nicht immer der gleichen Meinung zu sein.

BEST MENTALITY DRILL NUMMER 4:
Pflichten im Haushalt

Wir brauchen die Hilfe aller. Jeder in der Familie ist wichtig. Diese Haltung vermitteln wir, wenn wir die Pflichten im Haushalt gerecht und altersgemäß verteilen. Auf einer regelmäßigen Familienkonferenz können wir diese Aufgaben gemeinsam besprechen und verteilen. Wenn sich unsere Mädchen und Jungs nicht an die Absprachen halten, sollten wir für logische Konsequenzen sorgen. Das könnte so aussehen: Die Wäsche bleibt im Kinderzimmer liegen, anstatt in den Wäschekorb zu wandern? Dann wird sie nicht gewaschen. Das Auto wird nicht wie vereinbart gesaugt? Dann fällt der Taxiservice aus.

Wichtig für uns Eltern ist es, nicht zu schimpfen, zu meckern und zu nörgeln, sondern die Konsequenzen für sich sprechen zu lassen.

Kinder wollen mit uns kooperieren. Sie sind genauso wie wir selbst an einem harmonischen Miteinander interessiert, deshalb sollten wir uns hin und wieder überlegen, ob unsere Erwartungen vielleicht zu hoch sind. Die perfekte Ordnung lässt sich in einem Haushalt mit Kindern meist nur mit großem Zeit- und Nervenaufwand wahren. Es erleichtert das Zusammenleben enorm, wenn wir unsere Ansprüche den Gegebenheiten anpassen.

BEST MENTALITY DRILL NUMMER 5:
Die kleinen Dinge

Verantwortung beginnt bei kleinen Dingen, wie die Sporttasche selbst zu packen, Ordnung in der Schultasche und im Kinderzimmer zu halten. Lassen wir unsere Kinder ihr Ding machen.

BEST MENTALITY DRILL NUMMER 6:
Taschengeld macht Sinn!

Auch der Umgang mit eigenem Geld sollte gelernt werden. Das Taschengeld bietet sich als Trainingsmaterial an. Je älter die Kinder werden, umso größer sollte ihr Budget und die damit verbundene Verantwortung werden. Teenager lernen beispielsweise mit einem Kleidungsbudget, ihre Ansprüche an ihr Budget anzupassen. Große Wünsche können zum ersten Nebenjob führen.

BEST MENTALITY DRILL NUMMER 7:
Raum für Abenteuer

Verantwortung braucht Entfaltungsraum. Nur wenn wir unseren Kindern erlauben, ihre eigenen Wege zu finden und zu gehen, werden sie später mit ihrer Freiheit und den Entscheidungsmöglichkeiten zurechtkommen. Ja, es kann beängstigend sein, den eigenen Kindern etwas zuzutrauen und sie allein loszuschicken. Unsere Angst um unsere Kinder ist die schwierigste Begleiterscheinung des Elternseins, doch es liegt in unserer Verantwortung, diese Angst in vernünftige Schranken zu weisen und der gesunden Entwicklung unserer Kinder eine höhere Priorität einzuräumen.

Eglinskis Eckfahnen

- Profis, junge Spieler und Kinder: **Alle brauchen Verantwortung, um zu wachsen.**
- **Verantwortung entwickelt sich durch Freiheit und Pflichten,** nicht an der kurzen Sicherheitsleine.
- **Menschen, die sich ihrer Eigenverantwortung bewusst sind, stehen für ihr Handeln und dessen Folgen ein.**
- Wenn wir Kinder ständig bedienen und überbehüten, verwehren wir ihnen wichtige Erfahrungen und Gefühle. **Bringen wir unseren Kindern bei, Verantwortung zu übernehmen, indem wir ihnen Verantwortung übertragen.**

RESPEKT:
DEIN STAMMSPIELER

Respekt bedeutet Wertschätzung.
Kabinenansprache

»Respektiere dich und andere!«

Weltmeister Bastian Schweinsteiger gewann im Jahr 2018 einen neuen wichtigen Titel: Der Fußballheld wurde Vater. Seine Aussichten, auch auf diesem Spielfeld Meister zu werden, sind riesig. Das verdankt er vor allem zwei Menschen: seiner Mutter Monika und seinem Vater Fred. Die beiden haben Bastian und seinem Bruder Tobias vorgelebt, worauf es ankommt: »Das Wichtigste für meine Eltern waren immer der Respekt und die Ehrlichkeit, natürlich auch so etwas wie Disziplin.« Schweinsteiger erzählt, dass in seinem Elternhaus auf eine freundliche Begrüßung ebenso wie auf »Bitte« und »Danke« geachtet wurde.

Respekt zeigt Achtung vor der Würde eines anderen Menschen.

Das gilt im großen Kreis der Gesellschaft und besonders im kleinen Kreis der Familie. Respekt prägt die Stimmung auf dem Spielfeld und auf den Zuschauerrängen. Fair Play oder Rambo-Ramos-Style? Den Unterschied macht der Respekt. Unser Respekt voreinander prägt unseren Umgang miteinander.

Respekt muss man sich verdienen? Wir finden: Er steht jedem von uns zu.

Gerade die, die nicht, noch nicht oder nicht mehr für sich selbst einstehen können, verdienen unseren Respekt: kleine Kinder, hilfs- oder pflegebedürftige Menschen, Tiere und die Umwelt. Respekt muss nicht verdient werden, aber wir können ihn leicht verspielen, wenn wir andere respektlos behandeln. Bei gleichberechtigten, ebenbürtigen Menschen wirkt sich ein derartiges Verhalten direkt aus: Beleidigungen oder Angriffe kommen oft sofort zurück, wie ein weggeschleuderter Bumerang. Bei ungleichen Machtverhältnissen wird die Respektlosigkeit nach unten weitergereicht. Auf Fußballplätzen lässt sich das gut beobachten: Wenn Trainer ihre Spieler anschreien und beleidigen, geben die wenigsten Kinder diese Demütigung an den Absender zurück, stattdessen demütigen sie wiederum die Schwächeren.

Respektlosigkeit kommt von oben und rutscht mit dem Machtgefälle nach unten.

Als Eltern und Trainer haben wir die Macht in unseren Teams. Wir sind für den respektvollen Umgang miteinander verantwortlich. Die Spielfelder, auf denen wir mit unseren Kindern Respekt trainieren können, sind groß und vielfältig. Im Fußball legen wir bereits bei den Kleinsten Wert auf gute Manieren: Grüßen, Bitte, Danke, sich ansehen, sich zuhören und ausreden lassen. Spätestens in der E-Jugend sollten die Basics sitzen. Für die Älteren bieten wir Knigge-Kurse an, die von unseren Schülern nicht immer mit Begeisterung angetreten, dafür aber immer begeistert abgeschlossen werden.

Respekt schenkt Sicherheit und Freiheit, weil er Grenzen setzt.

Respekt grenzt unsere Freiheit dort ein, wo die Freiheit des anderen beginnt. Er lässt jeden auf seine Weise glücklich werden, solange dieses Glück nicht mit dem Unglück der anderen bezahlt wird.

Respekt gebietet Rücksicht und Toleranz.

Diese Rücksicht und diese Toleranz leben wir Eltern und Trainer unseren Kindern jeden Tag vor. Sorgen wir dafür, dass wir einen guten Job machen, mit unseren Worten und unseren Taten.

Die goldene Regel: Was du nicht willst, das man dir tu, das füg auch keinem anderen zu.

Empathie, also die Bereitschaft und die Fähigkeit, sich in andere hineinzuversetzen, erleichtert uns das Zusammenleben, selbst wenn die Sympathie fehlt. Und Respekt leistet noch mehr:

Respekt schützt die Liebe und unsere Beziehungen.

Er schützt sie vor beleidigenden Worten, verständnislosem Verhalten und Ignoranz. Selbst wenn die Stimmung tief liegt, hält Respekt das Niveau hoch.

Wir finden, Respekt verdient unser aller Aufmerksamkeit und verdient den Titel: Erziehungsziel.

Erziehungsziel Respekt. Trainingsmethoden

Was in nahezu allen Disziplinen gilt, gilt beim respektvollen Umgang miteinander umso mehr: Wir Eltern sind die Vorbilder. Unsere Kinder ahmen uns nach.

Der führende kanadische Psychologe Albert Bandura bestätigte bereits im vergangenen Jahrhundert, was sich uns täglich zeigt: Kinder orientieren sich bevorzugt an Menschen, die sie als mächtig, sympathisch oder attraktiv wahrnehmen und die ihre Bedürfnisse befriedigen können. Wir Eltern haben hier einen enormen Vorteil: Wir besitzen naturgegeben viel Macht über unsere Kinder, wir versorgen sie mit Nahrung, Zuwendung und Anerkennung, und wenn alles gut läuft, werden wir von ihnen als sympathische und attraktive Wesen eingestuft. Unsere Kinder lieben uns, deswegen sind sie automatisch geneigt, zu tun, was wir ihnen vorleben.

Liebe ist der stärkste Einflussfaktor. Je besser unsere Beziehung zu unseren Kindern ist, umso lieber ahmen sie uns nach.

Insbesondere beim Respekt gilt der alte Spruch vom Wald, aus dem es so zurückhallt, wie wir hineingerufen haben. Selbstverständlich werden sich unsere Kinder im Laufe ihres Lebens zunehmend auch an anderen Vorbildern orientieren, aber die Prägung des Elternhauses bleibt.

Kinder lernen Respekt, wenn wir als Eltern und Trainer respektvoll mit ihnen umgehen, wenn wir ihre Grenzen wahren und achten. Dem bedeutenden englischen Philosophen John Locke, der im 17. Jahrhundert Weichen für die Aufklärung stellte, wird das treffende Zitat zugeschrieben: »Wer will, dass sein Sohn Respekt vor ihm und seinen Anweisungen hat, muss selbst große Achtung vor seinem Sohn haben.« Zum Abschluss haben wir Locke noch schnell auf den heutigen Stand gebracht:

»Wer will, dass seine Tochter oder sein Sohn Respekt vor ihm und seinen Anweisungen hat, muss selbst große Achtung vor seiner Tochter oder seinem Sohn haben.«

Respekt geht mit seinen Freunden aus der Mentalitäts-Elf Hand in Hand: mit der *Verantwortung*, der *Disziplin*, dem *Teamgeist*, der *Tatkraft*, der *Dankbarkeit* und der *Weiterbildung*. In Situationen, in denen der Respekt vom Spielfeld stürmen möchte, zwingt ihn die Disziplin, am Ball zu bleiben.

BEST MENTALITY DRILL NUMMER 1: Haltung und Anstand bewahren

Respekt leitet sich aus der persönlichen Haltung ab. Wie stehe ich zu anderen Menschen? Betrachte ich sie als grundsätzlich gleichwertig? Gestehe ich jedem seine Meinung zu? Verhalte ich mich vorbildlich? Nutze ich andere aus, bin ich missgünstig oder hochnäsig? Es gilt, jeden Tag zu nutzen, um respektvoll miteinander umzugehen. Es ist wichtig, dass gerade wir als Eltern und Trainer an diesem Ideal festhalten. Respekt ist ein Wert, den es zu schützen und zu leben gilt. Wie respektvoll ein Mensch wirklich ist, zeigt sich unter anderem an seinem Umgang mit Menschen in schwächeren Positionen oder im Servicebereich. Menschen, die uns Dienstleistungen erbringen, verdienen den gleichen Respekt wie die Menschen, die in der Hierarchie über uns stehen.

BEST MENTALITY DRILL NUMMER 2: Die hohe Kunst der Toleranz

Toleranz drückt den fundamentalen Respekt vor allem Menschlichen und dem Leben aus. Sie schützt die Freiheit und Identität des Einzelnen, weil sie verlangt, auch das zu dulden, was gegen den Mainstream schwimmt.

Als Eltern und Trainer haben wir die Möglichkeit, Toleranz zu einem modernen Klassiker zu entwickeln. Als Vorbild. Das gelingt, wenn wir im Alltag bei den kleinen Dingen beginnen und Toleranz respektvoll vorleben, indem wir auch in der Familie nicht über andere Menschen lästern und das Eigentum anderer achten, Beleidigungen vermeiden, Witze nicht auf Kosten Schwächerer machen, andere nicht vorschnell verurteilen, erst recht nicht aufgrund ihres Aussehens, ihres Berufs oder ihrer Herkunft.

BEST MENTALITY DRILL NUMMER 3: Respekt vor anderen Meinungen

Respekt vor anderen Meinungen gibt uns die Möglichkeit, unseren Horizont zu erweitern. Machen wir uns und unseren Kindern bewusst, dass die Wahrheit meist zwischen Schwarz und Weiß zu finden ist und nicht an den extremen Endpunkten – im Alltag wie in der Politik.

Unsere Kinder gestalten die Zukunft. Respekt vor der Demokratie und der zukunftsorientierten politischen Diskussion sollte in der Familie vermittelt werden. Jede Stimme hat einen Wert. Umso besser, wenn diese Stimme früh genug lernt, klug, differenziert und zukunftsorientiert zu denken und zu diskutieren.

BEST MENTALITY DRILL NUMMER 4: Schütze die Umwelt.

Gerade wir Eltern müssen ein Interesse daran haben, dass unsere Welt für unsere Kinder und Kindeskinder lebenswert bleibt. Reine Luft, sauberes Trinkwasser, gesunde Böden, ein Meer, in dem nicht ausschließlich Plastik schwimmt, Vogelgezwitscher, Urwälder, Blumenwiesen. Dass wir eine gesunde Umwelt brauchen und sorgsam mit den begrenzten Ressourcen unserer Erde umgehen sollten, ist Fakt.

Auch wenn es mühsam scheint, im Kleinen zu beginnen, was im Großen vielerorts an falschen Entscheidungen scheitert: Mit unserem Bewusstsein und unserem Konsumverhalten leben wir unseren Kindern Respekt vor der Umwelt und Verantwortungsbewusstsein vor.

Gleichzeitig machen wir einen Anfang, denn jede Veränderung beginnt mit uns. Lasst uns diese schöne Erde bewahren. Unsere Kinder brauchen sie!

BEST MENTALITY DRILL NUMMER 5:
Respektiere dein Kind!

Wenn du willst, dass dich dein Kind respektiert, dann respektiere dein Kind. Respektiere seine Würde, seine Grenzen, seine Meinung und auch sein Eigentum. Übe deine »Erziehungsgewalt« nur dann aus, wenn es keine andere Lösung gibt und dein Kind sonst zu Schaden kommen würde. Respektvolle Eltern erziehen respektvolle Kinder.

BEST MENTALITY DRILL NUMMER 6:
Konsequenzen statt Strafen

Die Erziehungsmaßnahmen von respektvollen Trainern konzentrieren sich auf logische Konsequenzen, auf das Prinzip von Ursache und Wirkung. Wer den Morgen vertrödelt, kommt zu spät zur Schule, wer nicht lernt, riskiert schlechte Noten, wer böse foult, bekommt die rote Karte und wird vom Platz verwiesen. Wer seine Wäsche nicht in den Wäschekorb steckt, dem fehlt bald frische Wäsche im Schrank. Wer das Training stört, wird von dieser Einheit ausgeschlossen. Wer Gemeinschaftseigentum beschädigt, muss helfen, den Schaden wieder in Ordnung zu bringen. Wer sich respektlos verhält, dem kann eine überzeugende Entschuldigung abverlangt werden.

Konsequenzen machen Sinn und führen zur Einsicht, während Strafen willkürlich Macht demonstrieren und bei Kindern oft Widerstand oder Rachefantasien provozieren. Konsequenzen sind die bessere und respektvollere Wahl.

Eglinskis Eckfahnen

- **Respekt zeigt Achtung:** Die Achtung vor der Würde eines anderen Menschen. Jeder Mensch und jedes Lebewesen verdient Respekt.
- **Respektlosigkeit kommt von oben** und rutscht mit dem Machtgefälle nach unten.
- **Respekt schenkt Sicherheit und Freiheit, weil er Grenzen setzt.** Er gebietet Rücksicht und Toleranz.
- **Respekt schützt die Liebe und unsere Beziehungen.**

KREABILITÄT: DEIN GENIE

Kreabilität, das geniale Duo. Kabinenansprache

»Sieh deine Möglichkeiten und mach was draus!«

Philipp Lahm bezeichnete sich in seinen aktiven Zeiten als Stammspieler des FC Bayern nicht als den kreativsten Spieler. Trotzdem war er es, mit dem der Trainer Pep Guardiola am Laptop Spielszenen analysierte. Guardiola interessierte sich für die Meinung des damaligen Bayernkapitäns und bezeichnete ihn öffentlich als »den intelligentesten Spieler«, mit dem er je gearbeitet habe.

Der hochgelobte Lahm definierte diese Intelligenz als Fähigkeit, »für bestimmte Situationen gute Lösungen zu finden«. Er lief Veränderungen entgegen oder schuf sie selbst, weil er die Chancen darin erkannte. Er war beweglich auf seiner eigenen Position. Während viele Mannschaftskollegen gerne auf ihrem Stammplatz beharrten, ließ sich Lahm flexibel einsetzen. Er glänzte sowohl als rechter wie auch als linker Außenverteidiger, er füllte den Sechser aus, als hätte er ihn erfunden. Ein kurzfristiger Wechsel? Kein Problem für Philipp Lahm. Seine Beine folgten seinem Kopf. Mit Kreativität und Flexibilität meisterte er jede neue Situation.

Am Deutschen Fußball Internat bezeichnen wir dieses geniale Duo als »Kreabilität«. Sie ist das Genie im Team der Mentalität.

Unsere Kreabilität bestimmt, wie wir auf Veränderungen reagieren.

Nehmen wir neue Situationen als Chancen wahr oder als Belastung? Ächzen wir angesichts der Veränderung oder freuen wir uns über die Bewegung in unserem Leben? Fällt es uns leicht, neue Ideen zu entwickeln, oder klammern wir uns gerne an alte Vorgaben?

Mit Kreabilität lassen sich neue Herausforderungen meistern. Diese Fähigkeit, Herausforderungen zu unseren Gunsten zu verwandeln und den Ball zum Tor zu spielen, hilft uns auch abseits des Rasens. Sie hilft uns, unser Wissen anzuwenden, neu zu kombinieren und offen für neue Erfahrungen zu bleiben.

Kreabilität steckt in jedem von uns. Sie lässt sich trainieren, indem wir unser Selbstvertrauen stärken und uns Veränderungen zutrauen und wenn wir bereit sind, unsere Komfortzonen zu verlassen. Unsere Komfortzonen sind unsere Stammpositionen im Leben, auf denen wir mit Routinen auf Standardsituationen reagieren.

Unsere Kreabilität blüht außerhalb unserer Komfortzonen auf. Sie braucht die Herausforderung und das geistige Abenteuer.

Spätestens wenn uns Routinen, äußere Veränderungen oder unglückliche Entwicklungen in eine Krisensituation bringen, brauchen wir unsere Kreabilität. Wir brauchen frische Ideen, neue Sichtweisen und ungeahnte Möglichkeiten.

Nach dem Karriereende schien Philipp Lahms Weg ins Management des FC Bayern vorgezeichnet. Die breite Öffentlichkeit sah den ehemaligen Kapitän bereits auf dem Posten des Sportdirektors. Doch Philipp Lahm entschied sich anders. Kreativ und flexibel hatte er sich bereits im Voraus Optionen für die Zeit nach seiner Karriere als Spieler geschaffen. Er wurde Unternehmer.

Kreabile Menschen reagieren nicht nur auf Veränderungen, sie initiieren sie nach ihren Wünschen.

Selbst wenn Philipp Lahm und Pippi Langstrumpf auf den ersten Blick wenig gemeinsam haben – in Sachen Kreabilität sind sie beide Genies: Sie machen sich die Welt, wie sie ihnen gefällt. Der eine auf eine sehr geordnete, kontrollierte Art, die andere laut, lustig und chaotisch. Beides funktioniert, weil Kreabilität kein starres Gebrauchsmuster ist, sondern eine sehr lebendige, vielseitige Fähigkeit, die sich jedem Charakter und jeder Situation anpasst.

Kreabilität ist ansteckend. Trainingsmethoden

Ob wir Meister oder Opfer von Veränderungen sind, bestimmen wir selbst. Gleichwohl meistern manche von uns neue Situationen leichter als andere.

Was wir aus unserer Fähigkeit zum kreabilen Handeln machen, hängt nicht zuletzt von unserem Selbstvertrauen ab, vom Vorbild, das uns unsere Eltern gegeben haben und von unserem aktuellen Umfeld. Kreativität und Flexibilität sind ansteckend.

Oft reicht ein Spieler, um das ganze Team zu inspirieren und mitzureißen. Ein wunderbares Beispiel dafür gibt Luka Modrić, der Mannschaftskapitän des Vizeweltmeisters Kroatien. Er gilt als kreabilster Spieler der Welt und wurde auch deshalb bei der WM 2018 als bester Spieler ausgezeichnet. Auf dem Platz setzte er bei seiner Mannschaft eine unglaubliche Dynamik in Gang, die das Außenseiterteam Kroatien bis ins Finale führte. Wir können diese Art Energie auch für uns und unsere Familie entwickeln.

BEST MENTALITY DRILL NUMMER 1:
Stelle dir die richtigen Fragen.

Du findest neue Situationen bedrohlich? Damit bist du nicht allein. Jetzt kommt es darauf an, die richtigen Fragen zu stellen. Wie kannst du die Situation zum Guten wenden? Was steckt für dich und dein Team in dieser Situation? Wie kannst du zum Meister dieser Veränderung werden und nicht zu ihrem Opfer? Wie kannst du selbst positive Veränderungen schaffen?

BEST MENTALITY DRILL NUMMER 2:
Sei kindisch!

Als Eltern und Trainer haben wir die Kreabilitätsexperten im Haus beziehungsweise auf dem Spielfeld: unsere Kinder. Die meisten Kinder lieben es, herausgefordert zu werden und neue Ideen zu entwickeln. Sie sind von Natur aus kreativ und flexibel. Das ändert sich erst, wenn sie zu oft zur Vernunft gerufen werden. Kreabilität braucht Entfaltungsräume, Freiheit und Fantasie. Ermutigen wir uns und unsere Kinder, über die sogenannte Normalität hinauszudenken. Lassen wir unsere Kinder spielen! Im Spiel entwickelt sich Kreabilität. Wenn wir unsere Kinder und auch uns selbst im besten Sinne kindisch sein lassen, fördern wir Kreativität und Flexibilität.

BEST MENTALITY DRILL NUMMER 3:
Erweitere deinen Horizont.

Setze dich neuen Gedanken und neuen Erfahrungen aus. Lies Sachbücher, Biografien und Romane, gehe buchstäblich neue Wege, treffe Menschen, diskutiere, versuche, Zusammenhänge zu verstehen. Füttere deine Kreabilität regelmäßig mit neuen Ideen und Impulsen, damit du aus dem Vollen schöpfen kannst.

Best Mentality Drill Nummer 4:
Achte auf deine Reaktionsmuster.

Wenn deine Kreabilität gefragt ist, weil eine Veränderung ansteht oder du für ein altes Problem eine neue Lösung finden willst, dann achte auf deine Reaktionsmuster. Was spielt sich in dir ab? Große Sorgen, Ängste und Probleme, oder die Erfolgsgeschichte mit Happy End? Trainiere dir an, nach Chancen und Lösungen zu suchen.

BEST MENTALITY DRILL NUMMER 5:
Führe deine Kreabilität spazieren. Bewege dich!

Wenn wir unseren Körper bewegen, bewegt sich auch unser Geist. Wenn wir geistig auf der Stelle treten, dann hilft es, zu laufen, zu schwimmen oder wenigstens eine Runde um den Block zu drehen.

BEST MENTALITY DRILL NUMMER 6:
Kreabilität braucht Spontaneität und Geduld.

Kreabilität hat zwei Pole, wie wir inzwischen wissen: Philipp Lahm und Pippi Langstrumpf. Lassen wir uns von beiden inspirieren.

Eglinskis Eckfahnen

- Unsere Kreabilität bestimmt, wie wir auf Veränderungen reagieren. Mit Kreabilität lassen sich neue Herausforderungen meistern.
- **Unsere Kreabilität ist unser inneres Genie, das uns wachsen lässt und uns über unsere Grenzen hinauswachsen lässt.**
- Unsere Kreabilität blüht außerhalb unserer Komfortzonen auf. Sie braucht die Herausforderung und das geistige Abenteuer.
- **Kreabile Menschen reagieren nicht nur auf Veränderungen, sie initiieren sie nach ihren Wünschen.**

SPIELFREUDE: DEIN ALLROUNDER

Spielfreude ist Lebensfreude.
Kabinenansprache

»Mehr Spaß und weniger Worte!«

Gareth Southgate, der ehemalige Spieler und heutige Trainer der englischen Nationalmannschaft, gab den »Three Lions« zur WM 2018 zurück, was ihnen über lange Zeit gefehlt hatte: ihre Spielfreude. Dafür zog er alle Register. Vor der WM schickte Southgate seine Spieler ohne Smartphone zum Militär-Bootcamp in die Natur. Während des wichtigsten Turniers der Welt veranstaltete er im Hotelpool ein Wettrennen auf aufblasbaren Einhörnern, und nach der WM ordnete er Platz 4 als Erfolg ein: »Wir sind sehr stolz darauf, was wir geleistet haben. Wir hatten ein wunderbares Abenteuer.« Er freute sich über Englands junge, vielversprechende Mannschaft, die mit den besten Aussichten in die Zukunft stürmt.

Mit Spielfreude gewinnt jeder, unabhängig vom Spielergebnis. Spielfreude ist der Spirit. Spielfreude ist Lebensfreude!

Jedes einzelne Kind kommt mit diesem wertvollen Geschenk auf die Welt. Als Eltern und als Trainer sollten wir alles unternehmen, um diese wertvolle Energie zu erhalten und zu fördern. Spielfreude ist der zündende Funke, der einen gewöhnlichen Tag in einen besonderen verwandelt.

Spielfreude bringt Leichtigkeit in schwere Momente und beflügelt unsere Mentalität. Sie lenkt unsere Aufmerksamkeit auf Wesentliches:

Das Leben ist ein Geschenk, das es zu entdecken und zu schätzen gilt. Kinder verstehen und leben diese Wahrheit von Anfang an.

Wie sehr staunen Kinder in den ersten Lebensjahren über die Wunder dieser Welt und begeistern sich dafür! Und wie schnell wird ihnen dieses Staunen, diese Begeisterung und diese Freude abtrainiert, weil der Ernst des Lebens Druck und Anstrengung verlangt. So wird aus kindlicher Leichtigkeit erwachsene Strenge.

Nach Gareth Southgate zählt beim Coaching vor allem eines: »Es muss Kindern Freude machen. Das ist sehr wichtig! Oft setzen wir Kinder zu sehr unter Druck, wo sie doch eigentlich nur Spaß haben sollten.« Wie können wir erwarten, dass Kinder lernen, wenn wir sie beim Spiel anschreien? Southgate bezeichnet Trainer, die sich ständig ins Spiel einmischen, und Trainer, die ihre eigene Stimme am liebsten hören, als »Leidenschafts-Killer«. Er fordert: mehr Spiel und weniger Worte. Dieser kluge Rat lässt sich eins zu eins auf unsere Familien übertragen. Mehr Spaß zusammen und weniger Predigten, das gehört zu den besten Erziehungstipps, die wir anwenden können.

Spielfreude ist Lebensenergie. Trainingsmethoden

Moderne Trainer fordern und fördern Spielfreude. Diese Freude ist pure Lebensenergie.

Die Hauptfaktoren der Mentalität bilden zusammen ein Netz, das uns trägt. Die Spielfreude lässt es schwingen.

Freude hilft uns, unser Leben zu meistern. Sie macht uns munter, fröhlich und kreativ. Sie macht uns zu besseren Menschen: Aus einer freudvollen Stimmung heraus nehmen wir die Welt positiver wahr, wir begegnen anderen Menschen wohlgesinnt und verhalten uns toleranter, geduldiger und großzügiger. Davon profitieren insbesondere wir Headcoaches und unsere jungen Spieler, doch auch auf unser Umfeld wirkt sich eine freudige Grundeinstellung aus. Obendrein ist Freude gesund, weil sie unser Immunsystem stärkt.

BEST MENTALITY DRILL NUMMER 1: Freude weitergeben

Lange bevor diese Worte von der Forschung bestätigt wurden, schrieben wir in Poesiealben: »Willst du glücklich sein im Leben, trage bei zu anderer Glück, denn die Freude, die wir geben, kehrt ins eigene Herz zurück!« Was hoffnungslos altmodisch klingt, ist hoffnungsvoll modern. Freude kommt, wenn sie verschenkt wird. Biete deine Hilfe an, wenn du helfen kannst. Nutze deine Möglichkeiten, um Freude in die Welt zu bringen. Mit ehrlichen Komplimenten, Hilfsbereitschaft, Fairness und Feinfühligkeit.

BEST MENTALITY DRILL NUMMER 2:
Besinne dich aufs Wesentliche.

Regen wir uns nicht über Kleinigkeiten auf, sondern konzentrieren wir unsere Energie auf die wesentlichen Dinge des Lebens. Für uns Eltern sind das unser eigenes Leben, Gesundheit und unsere Kinder. Freuen wir uns darüber, solange uns die Zeit gegeben ist.

BEST MENTALITY DRILL NUMMER 3:
Spiel dich froh!

Mache regelmäßig Dinge nur aus Freude. In unserer Welt der Selbstoptimierung müssen wir uns Spielecken schaffen, in denen allein die Freude an der Sache zählt. Denk daran: Freude ist ein Wert an sich! Sie ist lebenswert, weit abseits des Leistungsgedankens.

BEST MENTALITY DRILL NUMMER 4:
Erreiche den Flow-Zustand.

Freude an der Sache kann dich in den »Flow-Zustand« führen. Als Flow-Zustand beschreibt die Glücksforschung das Gefühl völliger Vertiefung und Konzentration. Je mehr du dich auf das einlässt, was dir wichtig ist, umso größer ist deine Chance, diesen Zustand zu erreichen. Anders ausgedrückt: Wenn du etwas machst, dann mache es so gut wie möglich. Konzentriere dich, vertiefe dich, schöpfe den Moment aus.

BEST MENTALITY DRILL NUMMER 5:
Umgebe dich mit positiven Menschen.

Unsere Umgebung beeinflusst unsere Stimmung maßgeblich. Inmitten negativer Menschen kostet es Kraft, positiv zu bleiben. Hüte dich deshalb vor Menschen, die lieber Bedenken als Verantwortung tragen. Lasse dich von denen inspirieren, die etwas bewegen wollen und den Mut haben, daran zu glauben. Menschen, die für eine gute Sache sind und sich dafür engagieren: wagemutige, überzeugte Bessermacher, Zukunftsoptimisten.

BEST MENTALITY DRILL NUMMER 6:
Keine Angst vor Traurigkeit

Lebensfreude kennt auch Tränen. Lass sie zu. Gib dir Zeit, wenn du traurig bist. Suche dir Trost bei Menschen, die es gut mit dir meinen. Verliere dabei das Wesentliche nie aus den Augen: Es gibt immer einen Weg zurück zur Lebensfreude. Manchmal ist er kurz, manchmal etwas länger, doch immer beginnt er mit einem ersten Schritt. Setze ihn bewusst und entschieden.

BEST MENTALITY DRILL NUMMER 7:
Pass auf dich auf!

Burnout, Depressionen, Stress und Süchte. Doppel-, Dreifach- und Vierfach-Belastungen: Unter diesen Umständen hat es die Freude schwer. Umso wichtiger ist es, unseren jungen Spielern vorzuleben, wie sich ein gesunder Ausgleich schaffen lässt. Greifen wir zu den bewährten Hausmitteln, bevor es zu spät ist: ausreichend Schlaf, gesunde Ernährung, gemeinsame Spielzeit, störungsfreie Erholungszeiten, Lachen, Tanzen, Bewegung, Sport.

BEST MENTALITY DRILL NUMMER 8:
Sorge für gute Rahmenbedingungen.

Mit den richtigen Rahmenbedingungen erleichterst du dir das Leben. Im Kapitel »Rahmenbedingungen« haben wir bereits darüber gesprochen. Mit den richtigen Prioritäten und Rahmenbedingungen ermöglichst du es der Spielfreude, sich ungehindert in deinem Leben auszubreiten.

BEST MENTALITY DRILL NUMMER 9:
Sorge für Zusammenhalt.

Kümmere dich um deine Beziehung, deine Familie, deine Freunde! Sorge für das gute Gefühl im Team. Die Spielfreude liebt Gesellschaft.

BEST MENTALITY DRILL NUMMER 10:
Führe ein Mentalitätsbuch

Es gibt einen guten Weg, um Träume und Ziele in der Wirklichkeit zu verankern und die Spielfreude zu fördern: ein Mentalitätsbuch. Dieses Buch ist als Werkzeug so wichtig und wirksam, dass wir ihm ein eigenes Kapitel gewidmet haben. Es kommt gleich im Anschluss nach den Eckfahnen.

Eglinskis Eckfahnen

- **Spielfreude ist Lebensfreude.** Unabhängig vom Spielergebnis. Spielfreude ist der Spirit.
- **Die Hauptfaktoren der Mentalität bilden zusammen ein Netz, das uns trägt. Die Spielfreude lässt es schwingen.**
- Große Leistungen, ob in der Erziehung, im Fußball oder in der Wissenschaft, lassen sich nur mit Spielfreude erreichen. **Spielfreude ist die Leidenschaft für unser Leben.**

DEIN MENTALITÄTS-TRAININGSBUCH

Deine Handschrift bewegt deinen Kopf

»Halte fest, was dir wichtig ist.«

In den Trainingseinheiten der 11 Freunde haben wir dich immer wieder aufgefordert, schriftlich festzuhalten, was dir wichtig ist: deine Ziele, deine Pläne und deine Träume. Du hast positive Glaubenssätze formuliert, dein bestes Selbstbild entworfen, konstruktive Selbstgespräche für dich vorbereitet und aufgeschrieben, wofür du dankbar bist. Dafür gibt es einen »handfesten« Grund.

Indem wir gute Botschaften in Worte fassen und schriftlich fixieren, werden sie für uns sichtbar und (be-)greifbar. Sie werden real und wahr.

Neurologen haben außerdem erwiesen, dass wir beim Schreiben Verknüpfungen im Hirn schaffen und Denkprozesse auslösen. Wir aktivieren rund ein Dutzend Gehirnareale, wenn wir mit der Hand den Stift führen. Unsere Handschrift dient uns als Denkwerkzeug.

Mit unserer Handschrift legen wir neue Wege im Kopf an und speichern diese ab.

Mit Papier und Stift lenken und programmieren wir unsere Gedanken und unser Unterbewusstsein. Je öfter wir diese Möglichkeit nutzen, umso tiefer geht die Wirkung. Das schriftliche Training unseres Selbstvertrauens, unserer Ziele und unserer Dankbarkeit lässt sich mit dem Training eines Profifußballers vergleichen, der seine Schüsse und Techniken so lange übt, bis er sie verinnerlicht, abgespeichert und automatisiert hat. Bis die Bewegungen zu ihm gehören und er eins mit ihnen ist.

Das Papier ist dein Spielfeld, der Stift dein Ball.

Deshalb empfehlen wir dir die Methode, die auch Profis nutzen: ein leeres Buch, das du füllst und damit zu deinem Mentalitätsbuch machst.

Suche dir ein Notizbuch aus, das du gerne zur Hand nimmst und füllst. Achte darauf, bei der Größe deines Buches mindestens DIN A5 zu wählen, damit deine Gedanken und Ziele genug Raum haben.

Schenke dir ein Mentalitätsbuch, mit dem du gerne trainierst. Täglich.

Die Trainingsmethoden für mehr Selbstvertrauen, für die Verwirklichung deiner Ziele und die positiven Effekte der Dankbarkeit: Halte fest, was dir wichtig ist.

MENTALITÄT MACHT WUNDER MÖGLICH

Mentalität schafft das Happy End

**»Wer nicht an Wunder glaubt,
ist kein Realist.«**

Der französische Nationaltrainer Didier Deschamps hat es der Welt bei der WM 2018 gezeigt: Wunder sind machbar! 20 Jahre, nachdem er als Spieler und Kapitän über den Pokal jubelte, stemmte Deschamps die Trophäe als Trainer in die Höhe. Er hatte möglich gemacht, woran nach der desaströsen WM 2010 in Südafrika niemand mehr geglaubt hatte: Les Bleus waren auferstanden. Als Team und als Gewinner.

Didier Deschamps hatte die neue Generation begabter, schillernder, wilder, widersprüchlicher und so unterschiedlicher Jungs wie Paul Pogba, Kylian Mbappé, Antoine Griezmann, Olivier Giroud, Benjamin Pavard und Hugo Lloris zu einem Team geformt. Dabei setzte er am entscheidenden Punkt an, bei der Mentalität der Spieler.

Mit Liebe und den 11 Freunden der Mentalität erzog der Trainer sie zu einer Fußballfamilie, die selbst die größte Herausforderung meisterte und als Weltmeister vom Platz ging.

Anschließend fasste Deschamps seine Trainerleistung zusammen: »Wir haben nicht alles richtig gemacht, aber trotzdem Qualität an den Tag gelegt und im richtigen Moment Mentalität gezeigt.«

Wenn wir Eltern eines Tages dasselbe über die Erziehung unserer Kinder sagen können, haben auch wir es geschafft.

Lassen wir uns also von Trainern wie Didier Deschamps inspirieren. Kompetente Praktiker wie er wissen, worauf es wirklich ankommt. Er lebt die Themen, die wir am Deutschen Fußball Internat erfolgreich umsetzen und in diesem Buch für Mütter und Väter zusammengefasst haben. Wir sind aus Erfahrung überzeugt:

Was in einem Teamsport wie Fußball Gutes bewirkt, bereichert auch das Team Familie.

Diese Trainings- und Erziehungsschwerpunkte wirken Wunder, kleine und große:

- **Emotionale Intelligenz und Herzensbildung.**
- **Prioritäten**, die wir Eltern als Headcoaches bewusst setzen.
- **Rahmenbedingungen**, die unseren Prioritäten gerecht werden und unserer Familie dienen.
- **Eltern, die als Trainerteam unter allen Umständen zusammenarbeiten.**
- **Eine positive Wahrnehmung und Selbstwahrnehmung** unserer Kinder.
- **Liebe, Begeisterung und Lernbereitschaft** bei der Erziehung.
- **Ein konstruktiver Coachingstil**, der auf echter, positiver und wohlmeinender Autorität beruht.
- **Sinnvolle Spielregeln.**
- **Eine positive Sprache und Kommunikation**, die für gegenseitiges Verständnis sorgt.
- **Bewusstes Training und fundiertes Feedback**, weil Lernen immer eine Tatsache ist und erst die Übung Meister macht.
- **Die 11 Freunde der Mentalität: Selbstvertrauen, Ziele, Tatkraft, Disziplin, Teamgeist, Dankbarkeit, (Weiter-)Bildung, Verantwortung, Respekt, Kreabilität und Spielfreude**!

Diese elf Positionen markieren die Leitlinie unseres Eltern- und Spielertrainings. Gemeinsam formen sie das starke Dream-Team der Mentalität. Sie entscheiden, wie wir und unsere Kinder das Leben meistern.

Bleiben wir am Ball, damit wir am Ende den verdienten Pokal in die Höhe stemmen können, und genießen wir auf dem Weg dorthin das Glück, die Tränen, die Überraschungen, die Wendungen, die Erfahrungen und das Zusammensein.

Erinnern wir uns in schwierigen Phasen daran, dass sich Spiele drehen lassen, und nach dem Spiel ist ohnehin vor dem Spiel. **Jeder Tag bietet eine neue Chance, für Eltern, Trainer und Kinder.**

Solange wir unsere Elternliebe leben, an unserer Trainingsphilosophie festhalten und an den Trainingszielen arbeiten, werden wir ans Ziel kommen. In der Erziehung wie im Fußball sind Wunder möglich. Wer nicht an Wunder glaubt, ist kein Realist – und hat vermutlich noch nie ein neugeborenes Baby in den Armen gehalten.

Dir und deinen Kindern wünschen wir von Herzen alles Gute und die 11 Freunde an der Seite!

Dein Thomas Eglinski mit Erika Thimel

PS: **Wir danken dir von Herzen! Liebe Leserin, lieber Leser, du hast uns inspiriert und unsere eigene Trainerarbeit verbessert.** Indem wir uns für dich und dieses Buch auf die wesentlichen Coaching-Punkte und die 11 Freunde konzentriert haben, sind wir in unserem eigenen Trainer- und Erziehungsalltag noch aufmerksamer und konsequenter geworden.

Coaching ist wie Erziehung – ein dauerhafter, steter Prozess!

Wir brauchen für die Erziehung unserer Kinder immer wieder neue Energie, Zuspruch und Denkanstöße, um diese großartige und anspruchsvolle Aufgabe über die Jahre und durch die verschiedenen Entwicklungsphasen unserer Kinder entspannt und erfolgreich bewältigen zu können.

Wenn du Interesse und Freude daran hast, auch künftig mit uns zu trainieren, laden wir dich auf unsere Website ein:

www.amballbleiben-coaching.de

Auf dieser Website sind wir für dich da, damit wir gemeinsam jeden Tag dazugewinnen können: Wissen, Erfahrung, Freude.

Wir geben dir Rückhalt. Auch weiterhin.

Du kennst vielleicht das Sprichwort: »Es bedarf ein ganzes Dorf, um ein Kind großzuziehen.« Wir sind überzeugt:

»Es bedarf gute Headcoaches, 11 Freunde und ein Spielfeld, um ein glückliches Kind großzuziehen.«

Auf www.amballbleiben-coaching.de findest du dein Team und dein Spielfeld.

Erziehung ist keine leichte Aufgabe, aber wir haben jeden Tag aufs Neue die Chance, unserer Verantwortung gerecht zu werden. Wir werden nicht jeden Tag gewinnen und manchmal als Verlierer vom Platz schleichen, weil wir als Headcoach nicht in unserer besten Tagesform waren. Aber nach dem Spiel ist vor dem Spiel. Jeden Tag. Wir dürfen nicht aufgeben, sondern müssen an uns, unsere Familie und vor allem an unsere Kinder glauben. Sie brauchen uns! Wir brauchen sie! Was am Ende zählt, ist das aufrichtige Bemühen, von Herzen als Mutter und Vater das Beste zu geben. Und die Liebe. Vor allem die. Mit dieser Liebe, mit Dankbarkeit, Teamgeist, Verantwortung, Selbstvertrauen, Zielen, Bildung, Tatkraft, Disziplin, Respekt, Kreabilität und Spielfreude werden wir die Erziehung unserer Kinder meistern. Lasst uns am Ball bleiben!

Ich lege euch, liebe Mütter und Väter, die 11 Freunde ans Herz und widme dieses Buch meinen drei Söhnen: Sven, Tim und Nick, von denen ich ebenso viel lerne wie sie von mir. Und meiner wunderbaren Frau Christine!

DAS DEUTSCHE FUSSBALL INTERNAT

Schule, Sport und Persönlichkeitsentwicklung

»Wir legen Wert auf einen guten Charakter und auf eine glückliche Kindheit.«

Wie Sie inzwischen wissen, habe ich das Deutsche Fußball Internat 2010 in Bad Aibling gegründet und führe es seitdem leidenschaftlich und erfolgreich mit einem kongenialen Geschäftspartner, einer hervorragenden Internatsleitung, einem großartigen Trainerteam, sehr guten Pädagogen und einer wunderbaren Küchenchefin. Vom effizienten Büromanagement bis zu den gewissenhaften Reinigungskräften, die einen tollen Job für uns alle machen, arbeiten wir Hand in Hand zum Wohle der uns anvertrauten Jungs. Kinder, zwischen zehn und 18 Jahren, die mit einem anspruchsvollen Ziel ins Deutsche Fußball Internat gekommen sind: Sie wollen Fußballprofi werden. Unsere Ausbildung am Deutschen Fußball Internat ist darauf ausgerichtet, aber nicht darauf allein. Wir haben uns breit aufgestellt, um unseren Schülern auch abseits des Fußballs die besten Chancen auf ein erfolgreiches, erfülltes Leben zu sichern.

Unser Konzept beruht auf drei starken Säulen: Schule, Sport und Persönlichkeitsentwicklung.

Im Anfangsjahr des Deutschen Fußball Internats gingen unsere Schüler noch auf die öffentlichen Regelschulen vor Ort, aber ich wollte unseren Jungs und meinen eigenen Söhnen bessere Bedingungen bieten.

Ich habe mir eine Schule vorgestellt, die ein wahrer Bildungsort ist.

Eine Schule, die mehr kann, als den Lehrplan abzuarbeiten. Eine Schule, die Lust auf Lernen und Wissen macht, die Werte vermittelt, Persönlichkeiten entwickelt und Potenziale entfaltet. Eine Schule, die Kinder befähigt, ihr Leben erfolgreich und glücklich zu meistern.

Da es eine solche Schule vor Ort nicht gab, haben wir sie gegründet.

Es war ein nervenaufreibender Kraftakt, in dessen Verlauf mein hoher Anspruch regelmäßig als idealistisch und naiv belächelt wurde. In Bezug auf das bayrische Schulsystem war ich es wohl auch, da mir in meinem ersten Anruf im bayrischen Kultusministerium deutlich gemacht wurde, dass das Kultusministerium der Gründung von Privatschulen grundsätzlich kritisch gegenübersteht.

Insgesamt war die Schulgründung aber eine der besten Entscheidungen meines Lebens, auch wenn ich heute ein Buch darüber schreiben könnte, das vor bissiger Ironie und Satire strotzen würde. War die Finanzierung der Schule schon ein Akt, der nur Dank der YES Stiftung und deren Gründer Kamilo Kolarz gelang, erwies sich auch die Suche nach dem richtigen Personal als zäh und zeitintensiv.

Ich wollte Menschen einstellen, die leidenschaftlich gerne unterrichten, die ein tiefes Interesse daran haben, Kinder und Jugendliche zu begleiten, und die es verstehen, ihre Schüler für Mathe, Deutsch oder Englisch zu begeistern. Darüber hinaus sollten sie eine große Affinität zum Sport haben.

Schließlich stellten sich junge, motivierte Lehrkräfte als die ideale Wahl heraus. Sie wollten etwas bewegen und begeisterten sich für unsere Ansprüche und auch für die Unterstützung, die sie auf unserem Bildungscampus bekamen. Die ersten Jahre führten wir beispielsweise regelmäßig Seminare für Lehrer durch, die sich mit Körpersprache, Rhetorik, Selbstvertrauen und Zielsetzung befassten. Das Deutsche Fußball Internat und unsere moderne Privatschule arbeiteten von Anfang an Hand in Hand. Als Team. Gemeinsam haben wir unseren Anspruch umgesetzt:

No child left behind. Kein Kind bleibt zurück! Wir helfen weiter.

Von den Lehrern forderte ich in diesem Zusammenhang einen ungewohnten Perspektivenwechsel. Wenn ein Schüler Probleme hatte oder eine Probe insgesamt schlecht ausfiel, hielt ich meine Lehrkräfte an, zuerst bei sich selbst nach den Versäumnissen und Verbesserungsmöglichkeiten zu suchen, und nicht reflexartig bei den Schülern. Nachdem ich selbst vier Jahre an der Schule das Fach »Persönlichkeitsbildung« unterrichtete, konnte ich dies auf Augenhöhe fordern.

Inzwischen kenne ich das Schulwesen von allen Seiten. Mit meinen Erfahrungswerten als Gründer, Leiter, Lehrer, Ansprechpartner von Eltern, Schülern und Kollegen kann ich zufrieden und glücklich ein Fazit ziehen:

Wir haben heute eine hervorragende Schule, der ich meine Söhne und meine Schützlinge vom DFI mit gutem Gewissen anvertraue.

Meine Aufgabe und mein Anspruch sind erfüllt, deshalb haben wir die Schule einem erfahrenen Träger übergeben. Ich bin froh, dass er sich um die Bürokratie und die Weiterentwicklung kümmert, während ich mich wieder stärker auf meine Leidenschaft und meine Mission konzentrieren kann: den »Campus 2020« – das DFI zu einem der führenden Ausbildungszentren in Europa zu machen.

Wir steigern unsere Leistung, den Kindern zuliebe.

Wer aufhört, besser zu werden, hat aufgehört gut zu sein, davon sind wir überzeugt. Deshalb werden wir mit dem Campus 2020 neue Standards setzen. Wir bauen für unsere Jungs und unsere Mitarbeiter einen neuen Campus, der ihren Einsatz und ihre Leistung wertschätzt. Unsere Jungs geben alles für ihren Traum. Und wir geben alles für die Jungs. Wir sorgen dafür, dass sie bei uns ein zweites Zuhause finden, sich wohlfühlen und gut aufgehoben sind. Im neuen Campus 2020 wird beispielsweise ein medizinisches Zentrum integriert sein, mit moderner Leistungsdiagnostik und MRT. Auch die Integration eines Kinderarztes ist geplant. Außerdem erweitern wir unsere Gastronomie und bieten unseren Jungs noch komfortablere Zimmer und Bäder. Zusätzlich bieten wir ihnen mehr und größere Gemeinschaftsräume und Lounges, in denen sie sich entspannen und chillen können.

Unsere Jungs sollen es gut haben und eine glückliche Kindheit am DFI erleben, trotz des professionellen Anspruchs.

Auch in die Gastfreundschaft investieren wir: Für unsere internationalen Trainingsgäste wird ein Boarding-House angedockt. Der Bedarf besteht und steigt stetig.

In den vergangenen Jahren erhielten wir viel Zustimmung für unser einzigartiges Erziehungs- und Ausbildungskonzept, und die Erfolge unserer Schüler bestätigen uns täglich.

Das Deutsche Fußball Internat hat sich bundesweit als Kaderschmiede einen Namen gemacht, und die großen Vereine interessieren sich für unsere Jungs. Darauf sind wir stolz, und noch mehr freuen wir uns, dass so gut wie jeder Spieler, der unseren Bildungscampus nach einigen Jahren verlässt, topfit fürs Leben ist. Vor allem im Kopf.

Bei uns wachsen Persönlichkeiten, dieses Versprechen lösen wir ein.

Wer Kindern und Jugendlichen eine derart zielgerichtete, persönlichkeits- und zukunftsorientierte Ausbildung anbietet, dem werden Fragen gestellt, hauptsächlich von Eltern und von Journalisten. Die häufigsten Fragen habe ich gesammelt und beantworte sie an dieser Stelle gerne für Sie, als Internatsleiter und als Vater von drei Söhnen.

Spielen meine eigenen Kinder Fußball?

Mein ältester Sohn ist 33 und spielt heute nur noch hobbymäßig. Er ist jedoch sehr sportlich, steht auf herausfordernde Challenges und hat bereits einige Marathons absolviert. Mein Mittlerer neigt im Moment zu Golf und Angeln. Mein Jüngster will dagegen unbedingt in einem Team des Deutschen Fußball Internats spielen, aber noch ist er zu jung dafür.

Sobald ich von meinem jüngsten, fußballbegeisterten Sohn erzähle, werde ich häufig gefragt, ob ich ihm eine Fußballkarriere wünsche.

Vor allem wünsche ich ihm – und allen anderen Kindern – dass er seiner Begeisterung folgt, seine Berufung findet und sie leben kann. Ob im Fußball, beim Golfspielen, in einer Werkstatt oder in einem Künstleratelier. Der Bereich macht für mich keinen Unterschied. Allerdings kann ich ihn im Fußball am stärksten unterstützen, weil ich da Expertise habe. Und ich weiß: Wenn er gut genug für das Deutsche Fußball Internat spielt und unsere Ausbildung durchlaufen darf, stehen ihm anschließend viele Türen offen, auch außerhalb der Fußballwelt, weil am DFI nicht nur seine fußballerischen Fähigkeiten entwickelt werden, sondern in gleicher Weise sein Selbstvertrauen, seine sozialen Fähigkeiten, seine Disziplin und seine Kreativität. Auch um seinen Bildungsabschluss muss ich mir keine Sorgen machen, weil unsere moderne Partnerschule bis zum Abitur führt. Das Deutsche Fußball Internat steht ausdrücklich auf drei Säulen: Schule, Sport und Persönlichkeitsbildung.

Wir sind auf die Zukunft der Kinder ausgerichtet, nicht auf die Zukunft von Vereinen.

Darin unterscheiden wir uns ganz deutlich von den Nachwuchszentren der großen Fußballclubs, die Kinder aussortieren, sobald diese nicht mehr in ihr Konzept passen beziehungsweise nicht mehr die erwartete Leistung bringen. Unsere Jungs können sich auf uns verlassen. Wenn wir sie aufgenommen haben, dann begleiten wir sie auch durch Täler.

Gelegentlich sorgen sich Eltern und Journalisten darüber, was mit den Jungs und Mädchen passiert, die ihre Kindheit dem Fußball widmen und als Jugendliche womöglich eine Verletzung erleiden, die sie zum Aufgeben zwingt. Sie befürchten, diese jungen Menschen würden plötzlich alles verlieren, was bislang für sie wichtig war: Sport, Freunde und Zukunftsträume. Ich kann diese Sorgen zerstreuen, indem ich meine Erfahrungen teile.

Kinder, die mit Leidenschaft Fußball spielen, leben ihre Begeisterung für Bewegung, Gemeinschaft und Wettkampf durch diesen Sport aus. Fußball macht fußballbegeisterte Kinder glücklich.

Diese fantastischen Zeiten auf dem Fußballplatz, dieses wunderbare Stück Kindheit geht niemals verloren, selbst wenn es in der Jugend keine Fortsetzung finden sollte.

Übrigens passiert es höchst selten, dass jemand wegen einer Krankheit oder einer Verletzung tatsächlich aufhören muss. Die meisten

Jungs steigen in der Jugend nicht verletzungsbedingt aus, sondern weil sie andere Leidenschaften entwickeln. In der Pubertät ändert sich vieles. Was den jungen Menschen jedoch lebenslang bleibt, sind die Kompetenzen, die sie auf dem Fußballplatz entwickeln durften: Ein Mannschaftssport bildet den Charakter, weil Werte wie Teamgeist, Hilfsbereitschaft und respektvoller Umgang gelebt werden.

Jungs in der Pubertät sind eine Herausforderung, besonders für sich selbst. Ich weiß, wovon ich rede, schließlich haben wir am DFI die entsprechende Altersgruppe.

Trotzdem kommt es bei uns extrem selten vor, dass ein Jugendlicher »hinschmeißen« möchte. Und wenn doch, so gilt es, die Gründe zu klären: Kämpft der Junge mit Frustration – weil er eventuell nicht zu einem Bundesliga-Nachwuchsleistungszentrum wechseln kann? Befürchtet er, nicht gut genug zu sein, um an die Spitze zu kommen? Hat er festgestellt, dass seine Leidenschaft und seine Berufung woanders liegen? Oder drücken sich auf dem Fußballfeld Probleme aus, die an anderen Orten entstehen, zum Beispiel in der Schule oder im Umfeld? Die Antworten auf diese Fragen erarbeiten wir gemeinsam mit dem Jungen, um ihn anschließend in seiner Entscheidung zu stärken oder sie nochmals zu überdenken.

Ich persönlich freue mich über jeden einzelnen Schüler, der seine »wahre Berufung« entdeckt, unabhängig davon, ob sie auf oder abseits des Fußballplatzes liegt. Wir ermutigen unsere Jungs bewusst, ihre eigenen Wege zu gehen. Ehemalige DFI Schüler sind heute nicht nur auf dem Fußballplatz erfolgreich, sondern auch als Model, als Unternehmer und als Künstler, und einige meiner früheren Schüler arbeiten heute selbst begeistert am DFI. Darüber freue ich mich besonders.

Was alle Ehemaligen eint: Sie haben eine starke Mentalität entwickelt, und es gelingt ihnen hervorragend, die Prinzipien der 11 Freunde erfolgreich aufs Leben zu übertragen.

Neben unserer Fußballkompetenz und den überzeugenden Erfolgen unserer jungen Spieler ist dies ein Hauptgrund, warum es inzwischen eine Warteliste für unseren Bildungscampus gibt. Leider sind unsere Plätze begrenzt, weil wir die enge Betreuung, die individuelle Förderung und die persönliche, familiäre Atmosphäre am DFI bewahren wollen.

Welche Voraussetzungen braucht ein Junge, um aufs DFI zu gehen?

Vorrangig entscheidet, dass er Begeisterung und Einsatzbereitschaft mitbringt. Dadurch lässt sich sehr viel kompensieren. Ich habe es oft genug erlebt: Selbst ein herausragendes Talent wird, wenn die Selbstdisziplin fehlt, im Laufe der Zeit von einer kleineren Begabung mit größerer Disziplin überholt. Letztendlich bestimmt nicht das sportliche Können, ob es jemand an die Spitze schafft, sondern die Mentalität. Im Fußball wie überall. Deshalb achten wir besonders darauf, ob ein Junge wirklich aus eigenem Antrieb in den Leistungssport will und bereit ist, den Preis zu bezahlen.

Wer nach oben will, muss auch verzichten können, zum Beispiel auf Junk-Food und Alkohol oder auf gemütliche Nachmittage vor dem Computer, wenn das Training ansteht. Wir fordern ganz klar Disziplin, und die Trainings- und Spielzeiten bestimmen die Tage und Wochenenden. Jungs, die Fußball wirklich lieben, werden am Deutschen Fußball Internat glücklich.

Wer zu uns will, muss allerdings auch die Schule ernst nehmen, und sein Sozialverhalten muss absolut top sein. Bei Respekt, Fairness, Rücksicht und Teamgeist gehen wir am DFI keine Kompromisse ein – und zum Glück können wir wählen, wer zu uns kommen darf. Unser Ruf geht weit über die Landesgrenzen hinaus. Inzwischen spielen Jungs aus aller Welt bei uns. Wir haben Schüler aus Australien, Indien, China, Russland, den USA und Südafrika, aber der Großteil der Schüler kommt aus allen Teilen Deutschlands.

Wann rate ich Eltern davon ab, ein leistungsbereites, fußballverliebtes Kind aufs Deutsche Fußball Internat zu geben?

Wenn der Junge zuhause ähnlich ideale Bedingungen vorfindet wie bei uns, was bedeutet: Er spielt in einem guten Verein, wird von tollen Trainern gefördert, hat regelmäßig die Chance, sich in anspruchsvollen Spielen auszuprobieren und bekommt parallel zum Sport die Schule auf die Reihe. Unter diesen Umständen ist die Familie immer die erste Wahl. Das wichtigste Team ist immer die Familie!

Wir sehen mit Stolz und Freude, dass immer mehr von unseren jungen Spielern zielsicher ein Niveau erreichen, auf dem die Schwelle zum Profifußball liegt.

Allein in den letzten sechs Jahren sind über 50 Spieler zu Bundesligisten gewechselt, davon zehn alleine zum FC Bayern München. Abnehmer von DFI-Spielern waren aber auch schon Borussia Dortmund, Schalke 04, Eintracht Frankfurt, Hannover 96, der 1. FC Köln u.v.a. Die ersten Profiverträge sind unterschrieben, und es werden von Saison zu Saison mehr.

Um unsere Schüler optimal ins Profileben zu begleiten, arbeiten wir mit renommierten Spieleragenturen zusammen. Gleichzeitig beraten und begleiten wir unsere Spieler und ihre Eltern weiterhin. Es wäre fahrlässig, diese Verantwortung nicht wahrzunehmen, außerdem fühlen wir uns am Deutschen Fußball Internat wie eine große Familie. Es herrscht eine starke Verbundenheit.

Und dann kommt dieser wunderbare Moment: Unser Schützling läuft in seiner Profimannschaft auf, und ich sitze mit seinen Eltern auf der Tribüne und wir freuen uns riesig. Diese magischen Momente sind unbezahlbar.

Um dir das Training zu erleichtern, haben wir für dich ein Mentalitäts-Trainingsbuch entworfen:

»Am Ball bleiben, das Mentalitäts-Trainingsbuch«

Dieses Trainingsbuch ist für Erwachsene und Kinder gleichermaßen geeignet. Es unterstützt dich täglich dabei, ein richtig guter Headcoach beziehungsweise Spieler zu sein und deine 11 Freunde aufzustellen. In deinem Mentalitäts-Trainingsbuch hältst du alles fest, was auf deinem Weg zur Meisterschaft wichtig ist und deine Spiel- und Lebensfreude steigert.

Dein tägliches Training mit deinem Mentalitäts-Trainingsbuch beansprucht nur fünf bis zehn Minuten, dafür bereichert es dein ganzes Leben! Und das Leben deiner Kinder.

Auf unserer Webseite *www.amballbleiben-coaching.de* kannst du dir das Mentalitäts-Trainingsbuch anschauen und bestellen, wenn es dir gefällt. Mit dem Code *11Freunde* bekommst du dein Mentalitäts-Trainingsbuch vergünstigt.

QUELLENNACHWEIS

Honigstein, Raphael: »Ich mag, wenn's kracht«. Jürgen Klopp. Die Biografie, Ullstein 2017.

Meuren, Daniel: »Ein Vordenker ohne Bundesligaglück«. Zum Tod von Wolfgang Frank, Frankfurter Allgemeine Zeitung 2013. http://www.faz.net/aktuell/sport/fussball/zum-tod-von-wolfgang-frank-ein-vordenker-ohne-bundesligaglueck-12563759.html

Jürgens, Tim: »Am liebsten bin ich zuhause«. Interview mit Huub Stevens, Süddeutsche Zeitung 2010. https://www.sueddeutsche.de/sport/-freunde-interview-mit-huub-stevens-am-liebsten-bin-ich-zu-hause-1219110

»Ich habe Kokain genommen«: Christoph Daum bei der Bayer-Leverkusen-Pressekonferenz, 2000. https://www.youtube.com/watch?v=nQCNfPKeJLk

Teuffel, Friedhard: »Von den meisten werde ich geduzt«. Interview mit Thomas Tuchel, Tagesspiegel 2009. https://www.tagesspiegel.de/sport/interview-von-den-meisten-werde-ich-geduzt/1636292.html

»Thomas Tuchel schwärmt bei Vorstellung von Neymar-Treffen«, Sport1 2018. https://www.youtube.com/watch?v=JBRuz9YnogE

Nico Kovač im Interview: »Wenn man zusammenrückt, kann man alles schaffen«, hessenschau.de 2018. https://www.hessenschau.de/sport/heimspiel-videos/kovac-wenn-man-zusammen-rueckt-kann-man-alles-schaffen,video-62588~_story-kovac-abschied-102.html

Gladwell, Malcolm: Überflieger: Warum manche Menschen erfolgreich sind – und andere nicht, Campus Verlag 2009.

Ericsson, Anders: Top: Die neue Wissenschaft vom Lernen, Plattloch 2016.

Gilbert, Cathrin: »Da muss doch mehr sein«. Begegnungen mit Nico Kovač, Die Zeit 2017. https://www.zeit.de/2017/17/niko-kovac-eintracht-frankfurt-dfb-pokal

»Otto Rehhagel und seine Fußballweisheiten«, Abendblatt 2012. https://www.abendblatt.de/sport/fussball/article107742157/Otto-Rehhagel-und-seine-Fussballweisheiten.html

»Die folgenschweren Patzer des Loris Karius«, Die Welt 2018.
https://www.welt.de/sport/fussball/champions-league/article176706966/Champions-League-FC-Liverpool-Die-folgenschweren-Patzer-des-Loris-Karius.html
Traemann, Kai: »Bei mir in der Kabine fliegen Süßigkeiten rum«, Bild 2018.
https://www.bild.de/sport/fussball/1-bundesliga/phrasenmaeher-podcast-julian-nagelsmann-55719224.bild.html
Zorn, Roland: »Wer nachdenkt, kommt zu spät«, Frankfurter Allgemeine Zeitung 2017.
http://www.faz.net/aktuell/sport/fussball/bundesliga/augsburg-trainer-manuel-baum-wer-nachdenkt-kommt-zu-spaet-14611901.html
Berg, Daniel und Hamers, Dominik: Chefausbilder Wormuth: »Hey, ich will auch einen Tuchel«, Der Westen 2017.
https://www.derwesten.de/chefausbilder-wormuth-hey-ich-will-auch-einen-tuchel-id209689519.html
Gartenschläger, Lars: »Jupp Heynckes vertraut uns, und wir vertrauen ihm«, Die Welt 2010.
https://www.welt.de/welt_print/sport/article5792773/Jupp-Heynckes-vertraut-uns-und-wir-vertrauen-ihm.html
Waldherr, Gerhard: Arbeit, Arbeit, Arbeit. Horst Hrubesch im Interview, brand eins 06/2015. https://www.brandeins.de/magazine/brand-eins-wirtschaftsmagazin/2015/talent/arbeit-arbeit-arbeit
Perarnau, Marti: Herr Guardiola: Das erste Jahr mit Bayern München, Kunstmann Verlag 2015.
»Ich hasste Deutschland«, Zeit online 2007.
https://www.zeit.de/online/2007/13/arsene-wenger-rund
Hein-Reipen, Susanne: »Du hast keinen Grund, ein Arschloch zu sein, weil Du besser Fußball spielst als andere!« 90 Minuten mit Norbert Elgert, westline 2017.
https://www.westline.de/fussball/schalke04/norbert-elgert-du-hast-keinen-grund-ein-arschloch-zu-sein-weil-du-besser-fussball-spielst-als-andere?page=1
Kaiser, Alfons: »Ich mag mich sehr«, Frankfurter Allgemeine Zeitung 2016.
http://www.faz.net/aktuell/stil/mode-design/ich-mag-mich-sehr-zinedine-zidane-im-gespraech-14003680.html
Brügelmann, Matthias/ Traemann, Kai/ Schmid-Burgk Niko: BAYERN-STAR JOSHUA KIMMICH – SEIN SPITZNAME, SEINE ABI-NOTE, DIE LIEBLINGSSERIE, Bild 2017.
https://www.bild.de/sport/fussball/joshua-kimmich/ich-kann-einfach-nicht-verlieren-53884532.bild.html
Jung, Barbara: »Einfach so zum Spaß Fußball spielen, das ist eine schöne Vorstellung«. Mats Hummels im Interview, Focus 15/2015.

https://www.focus.de/sport/fussball/bundesliga1/mats-hummels-im-interview-bvb-borussia-dortmund-karriere-zukunft_id_4 607 939.html
»Ich bin der beste Fußballer der Welt!«, GQ. https://www.gq-magazin.de/unterhaltung/stars/cristiano-ronaldo-ich-bin-der-beste-fussballer-der-welt
Zidane, Zinédine mit Franck, Dan: Der mit dem Ball tanzt, Bombus Verlag 2005.
Kahn, Oliver: Ich. Erfolg kommt von innen, Riva 2008.
Jürgens, Tim: »Angst habe ich nie«. Bastian Schweinsteiger über seine Karriere, 11 Freunde 09/2010. https://www.11freunde.de/interview/bastian-schweinsteiger-ueber-seine-karriere-2
Achor, Shawn: Das glückliche Geheimnis besserer Arbeit, TED Talk 2011. https://www.ted.com/talks/shawn_achor_the_happy_secret_to_better_work/transcript?language=de
»Gebt doch mal die Verantwortung ab!«, Süddeutsche Zeitung 2016. https://www.sueddeutsche.de/sport/fussball-ich-wuerde-guardiola-gerne-in-der-oberliga-sehen-1 281 4130–3
Gilbert, Cathrin: »Leben ist wichtiger als Sport«. Interview mit Bastian Schweinsteiger, Die Zeit 2015. https://www.zeit.de/2015/38/bastian-schweinsteiger-manchester-rio-finale
Hummel, Thomas: Guardiola über Lahm: »Es war eine Ehre, sein Trainer zu sein«, Süddeutsche Zeitung 2016. https://www.sueddeutsche.de/sport/fc-bayern-guardiola-ueber-lahm-es-war-eine-ehre-sein-trainer-zu-sein-1 297 8416
Strohschein, Jörg: Southgate weckt Englands Spielfreude, DW 2018. https://www.dw.com/de/southgate-weckt-englands-spielfreude/a-44 569 891